U0592645

"中国企业社会责任报告编写指南(CASS—CSR3.0)"
系列丛书的出版得到了下列单位的大力支持：

（排名不分先后）

中国南方电网
中国华电集团公司
华润（集团）有限公司
三星（中国）投资有限公司

《中国企业社会责任报告编写指南3.0之医药行业》的
出版得到了下列单位的大力支持：

华润医药集团有限公司

中国企业社会责任报告编写指南3.0
之 医药行业

中国社会科学院经济学部企业社会责任研究中心
华润医药集团有限公司

钟宏武　王春城/顾问
王　宁　王娅郦　叶柳红　王　丹/等著

授权应用推广：中星责任云

社会责任报告
全生命周期管理指南

经济管理出版社
ECONOMY & MANAGEMENT PUBLISHING HOUSE

图书在版编目（CIP）数据

中国企业社会责任报告编写指南 3.0 之医药行业/王宁等著. —北京：经济管理出版社，2015.12

ISBN 978-7-5096-4119-4

Ⅰ.①中… Ⅱ.①王… Ⅲ.①企业责任—社会责任—研究报告—写作—中国 ②制药工业—工业企业管理—社会责任—研究报告—写作—中国 Ⅳ.①F279.2 ②H152.3

中国版本图书馆 CIP 数据核字（2015）第 299603 号

组稿编辑：陈　力
责任编辑：杨国强　张瑞军
责任印制：黄章平
责任校对：张　青

出版发行：经济管理出版社
　　　　　（北京市海淀区北蜂窝 8 号中雅大厦 A 座 11 层　100038）
网　　址：www. E-mp. com. cn
电　　话：(010) 51915602
印　　刷：三河市延风印装有限公司
经　　销：新华书店
开　　本：720mm×1000mm/16
印　　张：12.25
字　　数：228 千字
版　　次：2016 年 2 月第 1 版　2016 年 2 月第 1 次印刷
书　　号：ISBN 978-7-5096-4119-4
定　　价：68.00 元

·版权所有　翻印必究·

凡购本社图书，如有印装错误，由本社读者服务部负责调换。

联系地址：北京阜外月坛北小街 2 号
电话：(010) 68022974　　　邮编：100836

《中国企业社会责任报告编写指南 3.0 之医药行业》专家组成员

（按姓氏拼音排序）

顾　问：钟宏武（中国社会科学院经济学部企业社会责任研究中心主任）

　　　　王春城（华润医药控股有限公司董事长）

组　长：邬建军（华润医药集团有限公司总经理办公室高级总监）

成　员：（按姓氏拼音排序）

　　　　范彦喜（华润双鹤药业股份有限公司董事会秘书、副总裁）

　　　　郭　欣（华润三九医药股份有限公司公共事务中心总经理）

　　　　王　丹（华润医药集团有限公司总经理办公室总监）

　　　　王金东（华润医药集团战略发展部总监）

　　　　王　宁（中国社会科学院经济学部企业社会责任研究中心研究员）

　　　　王延涛（东阿阿胶股份有限公司战略管理兼人力资源总监、党委办公室主任）

　　　　王娅郦（中国社会科学院经济学部企业社会责任研究中心研究员）

　　　　徐莲子（华润（集团）有限公司董事会办公室高级经理）

　　　　叶柳红（中国社会科学院经济学部企业社会责任研究中心助理研究员）

　　　　易功来（华润医药集团有限公司党委办公室主任）

　　　　于　宏（华润医药集团有限公司环境健康与安全部高级总监）

　　　　张　超（华润医药集团有限公司总经理办公室）

　　　　张　蒽（中国社会科学院经济学部企业社会责任研究中心副主任）

　　　　张　静（华润双鹤药业股份有限公司董事会办公室）

　　　　赵思琪（中国社会科学院经济学部企业社会责任研究中心助理研究员）

　　　　郑丽红（华润双鹤药业股份有限公司董事会办公室主任）

　　　　周莹莹（华润医药集团有限公司总经理办公室）

　　　　朱虹波（华润（集团）有限公司董事会办公室助理总监）

开启报告价值管理新纪元

透明时代的到来要求企业履行社会责任，及时准确地向利益相关方披露履行社会责任的信息。目前，发布社会责任报告已日益成为越来越多的企业深化履行社会责任、积极与利益相关方沟通的载体和渠道，这对于企业充分阐释社会责任理念、展现社会责任形象、体现社会责任价值具有重要的意义。作为中国第一本社会责任报告编写指南，指南的发展见证了我国企业社会责任从"懵懂发展"到"战略思考"的发展历程。2009年12月，中国社会科学院经济学部企业社会责任研究中心发布了《中国企业社会责任报告编写指南（CASS-CSR1.0）》（简称《指南1.0》），当时很多企业对"什么是社会责任"、"什么是社会责任报告"、"社会责任报告应该包括哪些内容"还存在争议。所以《指南1.0》和2011年3月发布的《中国企业社会责任报告编写指南（CASS-CSR2.0）》（简称《指南2.0》）定位于"报告内容"，希望通过指南告诉使用者如何编写社会责任报告、社会责任报告应该披露哪些指标。指南的发布获得了企业的广泛认可和应用，2013年，参考指南编写社会责任报告的企业数量上升到了195家。

5年过去了，我国企业社会责任报告领域发生了深刻变革，企业社会责任报告的数量从2006年的32份发展到了2013年的1231份；报告编写质量明显提高，很多报告已经达到国际先进水平。同时，企业在对社会责任的内涵及社会责任报告的内容基本达成共识的基础上，开始思考如何发挥社会责任报告的综合价值，如何将社会责任工作向纵深推进。

为适应新时期新形势要求，进一步增强指南的国际性、行业性和工具性，中国社会科学院经济学部企业社会责任研究中心于2012年3月启动了《中国企业社会责任报告编写指南（CASS-CSR3.0）》（简称《指南3.0》）修编工作，在充分调研使用者意见和建议的基础上，对《指南3.0》进行了较大程度的创新。总体而言，与国内外其他社会责任倡议相比，《指南3.0》具有以下特点：

（1）首次提出社会责任报告"全生命周期管理"的概念。企业社会责任报告既是企业管理的工具，也是与外部利益相关方沟通的有效工具。《指南 3.0》定位于通过对社会责任报告进行全生命周期的管理，充分发挥报告在加强利益相关方沟通、提升企业社会责任管理水平方面的作用，可以最大限度发挥报告的综合价值。

（2）编制过程更加科学。只有行业协会、企业积极参与到《指南 3.0》的编写中，才能使《指南 3.0》更好地反映中国企业社会责任实际情况。在《指南 3.0》的修编过程中，为提升分行业指南的科学性和适用性，编委会采取"逐行业编制、逐行业发布"的模式，与行业代表性企业、行业协会进行合作，共同编制、发布分行业的编写指南，确保《指南 3.0》的科学性和实用性。

（3）适用对象更加广泛。目前，我国更多的中小企业越来越重视社会责任工作，如何引导中小企业社会责任发展也是指南修编的重要使命。《指南 3.0》对报告指标体系进行整理，同时为中小企业使用指南提供了更多的指导和工具。

（4）指标体系实质性更加突出。《指南 3.0》在编写过程中对指标体系进行了大幅整理，在指标体系中更加注重企业的法律责任和本质责任，将更多的指标转变为扩展指标，更加注重指标的"实质性"。

《中国企业社会责任报告编写指南（CASS-CSR3.0)》是我国企业社会责任发展的又一重大事件，相信它的推出，必将有助于提高我国企业社会责任信息披露的质量，有助于发挥社会责任报告的综合价值，也必将开启社会责任报告价值管理新纪元！

2014 年 1 月

目　录

总论篇

指标篇

管理篇

实 践 篇

总 论 篇

第一章　医药行业的社会责任

医药是预防、治疗或诊断人类和牲畜疾病的物质或制剂。医药行业是我国国民经济的重要组成部分，是传统产业和现代产业相结合，第一、第二、第三产业为一体的行业，由医药研发、医药工业、医药流通及相关服务业等构成。医药工业包括化学药品原料药制造、化学药品制剂制造、中药饮片加工、中成药制造、生物药品制造、药用辅料及药用包材制造、卫生材料及医药用品制造、医疗仪器设备及器械制造；医药流通包括医药产品的分销（批发、纯销与快批）和零售。

一、医药行业在社会和经济发展中的重要性

医药行业是关系国民福祉的民生产业，与人民群众的日常生活息息相关，是满足人民群众防病治病需求，提高生活质量和人口素质的特殊产业，在保证国民经济健康、持续发展中，具有积极的、不可替代的、"保驾护航"的作用；医药行业在应对重大自然灾害和公共卫生事件中有着不可替代的作用。同时，医药行业作为我国国民经济中的战略新兴产业、"中国制造2025"的重要部分，能够辐射众多关联产业，促进经济发展，在促进我国经济转型升级过程中发挥重要作用。

（一）满足日益上升的医疗保健需求，提高全民生活质量

医药产品是特殊的商品，关系到人类的生存和健康，是重大的民生问题。医药行业的健康发展和壮大能够促进实现"人人享有卫生健康"的目标。特别是在我国老龄化进程加快、慢性病发病率上升、亚健康状态已成为一个非常普遍的现状的时期，人们急需提高健康水平，对医疗服务的需求呈现日益上升的趋势。社

会医药保健商品的需求弹性系数为 1.37（即人们生活水平每提高 1 个百分点，医疗消费水平要提高 1.37 个百分点），说明医疗消费水平增长的幅度明显高于人们生活水平增加的幅度。随着医保体系的健全，居民支付能力的增强，人民群众日益提升健康水平的需求逐步得到释放，医药行业在满足人们的医疗保健需求，提高全民生活质量方面具有关键性作用。

（二）提高人口素质，保障经济和社会可持续发展

健康是人力资本的重要组成部分，因此，投资健康事业、发展医药产业具有社会和经济的双重意义。发展医药行业，提高健康水平，可以提高个人或群体的体力和精力，降低因疾病带来的经济损失，提高生命价值和质量，维持社会的和谐稳定；可以延长寿命，提高人力资源素质和劳动生产率，创造更多社会财富，促进经济发展。哈佛大学国际发展研究中心的研究表明，30%~40%的亚洲经济奇迹源于健康人群。同时有研究显示，健康指标每提高 1%，经济增长率就提高 0.05%[1]。从这一层意义来说，发展医药行业，不只是一种投入，更不是增加负担，而是对人力资本这一核心生产力要素的投资，是使经济和社会可持续发展的人力资源基础和保障。

（三）应对自然灾害和公共卫生事件

医药行业的发展可以增强我国应对突发、新发公共卫生事件和重大自然灾害威胁的能力。突发公共卫生事件和重大自然灾害事件复杂多变，其发生的时间、地点、类别等不可预测，一旦发生，短时间内有可能造成大量的人员伤亡和严重的财产损失。医疗应急储备包括消毒药品、常用预防和急救药品、疫苗、医疗卫生设备、诊断试剂的储备以及疾控人员，临床救护、卫生监督等专业人员的设置，这些是应对自然灾害和重大公共卫生事件的重要内容。医药行业的发展，对健全自然灾害和突发公共卫生事件的应急机制，有效应对重大突发传染病疫情、重大食物中毒事件，以及安全事故等引发的公共卫生事件有重要的作用。

---

① 智库百科，词条"社会医学"，wiki.mbalib.com/wiki/%E7%A4%BE%E4%BC%9A%E5%8C%BB%E5%AD%A6。

（四）国民经济中的战略新兴产业

医药行业是培育战略新兴产业的重要领域，是关系国计民生的重要产业。自改革开放以来，我国医药行业越来越受到公众和政府的关注，2012 年 1 月，《医药工业"十二五"发展规划》出台，将生物制药作为我国的战略性新兴产业。

世界各国都把生物医药产业作为重点产业，它的发展已成为 21 世纪重要的经济增长点，是目前世界上发展最快、竞争最激烈的高技术产业之一，在各国的产业体系和经济增长中具有举足轻重的作用。医药行业和经济发展有着密切的关系，医药工业的经济价值可以通过医药新产品销售额与 GDP 比例体现。几十年来，医药产品总的销售额占 GDP 的比重一直呈上升趋势，医药行业在国民经济中占据的位置将越来越重要，在国民经济中的地位表现出动态稳定性特征①。

（五）促进产业链发展，辐射关联产业

医药行业是传统产业和现代产业相结合的行业，产业链条长，关联度高。医药行业涉及药材种植、原材料加工、产品研发、药品生产、商业流通、医疗保健等不同的领域，第一产业、第二产业和第三产业都有涉及，影响广泛。随着人们生活水平的提高，对健康越来越看重，促使医疗行业向大健康产业发展。医药行业的下游产业除医疗卫生外，已慢慢渗透到保健食品、器材、卫生用品、化妆品、环保产业、休闲健身、健康管理、健康咨询、医疗旅游、绿色农业等领域。健康产业辐射和带动的产业呈现越来越广的趋势。

二、医药行业履行社会责任的意义

（一）促进经济可持续发展

医药行业是否履行社会责任不仅影响每个人个体的身体健康，也影响着全社

---

① 全球分析网，www.qqfx.com.cn。

会劳动力资源的供应保障。由于不健康的生活方式泛滥，疾病形式增多，医药研发成本上涨，使得医药行业的问题更加复杂。医药企业积极研发新药，公平有效地分配有限的资源是医疗卫生系统和医药企业的责任所在。

近年来接连曝出药品的低水平重复仿制、偷工减料、假冒伪劣、虚假广告、医药代表行贿等问题，部分医药行业企业的社会责任缺位成为医药行业发展的障碍。医药行业企业履行社会责任要放弃不正当竞争手段，规范自身行为，这样，医药产业的竞争环境就会随之净化，优势企业可以更好地崭露头角，药品价格会得到有效控制，整个医药产业将步入良性发展阶段。

综上所述，医药行业的企业只有积极履行社会责任，有效分配资源，生产高质量的药品，并立足于正当竞争，杜绝商业贿赂行为，才能保障企业的良性发展，更好地应对医药行业所面临的新挑战，促进行业健康发展，推动国民经济平稳发展。

（二）促进社会可持续发展

当前，全球医药行业正在经历着新的挑战与变革：社会变迁和人口结构的变化对医药行业履行社会责任提出新的考验。老年人是一个容易患病的特殊群体，2015 年中国总人口数量超过 13.6 亿人，60 周岁以上老龄人口为 2.1 亿人。实现"老有所医"既是医药行业面临的机遇，也是整个行业企业的经济责任履行方式。

有研究表明，当前医疗环境下 2/3 的患病人群没有得到充分治疗，甚至没有得到治疗，可以说，当前的医疗需求与医疗能力之间仍然有着巨大的鸿沟。基本药物是满足人民群众基本用药需求的药物，其主要特征是安全、必需、有效、价廉。医药行业合理配置资源，提高药品的可供应性、可获得性和可支付性，将为维护人民群众健康提供物质保障。党的十七大报告将"人人享有基本医疗卫生服务"确立为全面建设小康社会的重要目标之一。医药行业履行社会责任，将有效促进基本药物的供应，满足人民群众日益增长的健康需求。

创新药物能够满足更多的医疗需求，使疾病治愈率提高，治愈速度更快，减少患者的住院时间，有效降低医疗成本，而有效的、高效的药物可以减少社会整体的疾病负担，使医疗资源实现优化配置。医药行业履行社会责任，致力于药品创新，增加创新药品的临床使用率，将会有效节约社会医疗资源，让更多的患者得到治疗。

（三）促进环境可持续发展

当今世界普遍面临能源紧缺、生态环境恶化的问题。保护环境、节约资源，实施可持续发展战略是 21 世纪重要的使命之一。传统生产型医药企业以"高投入、高消耗、高污染"为特征的生产运营模式受到社会各界的口诛笔伐，尤其是大规模的化学原料药生产企业，更是典型的污染和能耗大户。医药企业履行社会责任，必须积极地探索如何将对环境的负面影响降到最低限度。

首先，医药行业履行社会责任要控制生产排放，减轻环境负担。医药行业的生产过程会产生污染，制药工业产值占全国工业总产值的 1.7%，污水排放量占全国的 2%。医药行业的制药过程，尤其是原料药的生产需要消耗大量的能源和资源，同时产生大量的温室气体和有刺激性气味的气体，宏观上影响全球气候变化，微观上影响周边居民的生活环境。因此，节约资源，减少能耗是医药行业履行社会责任面临的重大课题。医药企业履行社会责任，应控制生产环节中"三废"的产生，提高清洁生产和污染治理水平，以发酵类大宗原料药污染防治为重点，开发应用清洁生产技术，加快高毒害、高污染原材料的替代，从源头控制污染。开发生产过程副产物综合利用技术，提高废水、废气、废渣等污染物治理水平。

其次，医药企业履行社会责任与保护生物多样性有关。第一，动物实验是整个药品研发的基础和重要支撑条件。用于实验的动物是为人类的健康和发展作出贡献和牺牲的生命体，我国的新药开发领域要走向世界前沿，就应重视和开展实验动物的研究，加强动物实验替代的研究，医药企业要注重对动物实验的信息披露，保护并合理开发利用实验动物种质资源。第二，中药资源是我国传统医学的瑰宝。近年来，不少地方尤其是西部地区和东北地区都把民族医药资源的开发作为当地经济发展项目。但目前对中药资源的不合理开发致使大面积植被被毁，药材资源快速枯竭，给自然环境造成了巨大的压力，生物多样性保护面临严峻形势。医药企业履行社会责任需要合理开发和利用中药资源，保护生物多样性，达到资源的可持续利用。

三、医药行业社会责任的特征和要求

医药行业在保护和增进人民健康、提高生活质量，救灾防疫、军需战备以及促进经济发展和社会进步等方面具有十分重要的作用；特别是在保证国民经济健康、持续发展方面，医药行业具有积极的、不可替代的、"保驾护航"的作用。同时，医药行业的特殊性决定了其具有与其他行业不同的社会责任特征和要求。

（一）质量与安全

药品的质量与安全是医药行业最本质，也是最重要的责任。医药工业"十二五"规划指出，"由于人口增长，老龄化进程加快，医保体系不断健全，居民支付能力增强，人民群众日益提升的健康需求逐步得到释放，我国已成为全球药品消费增速最快的地区之一，有望在 2020 年以前成为仅次于美国的全球第二大药品市场"。需求量的激增对医药产品的质量和安全提出了更高的要求。此外，《国家药品标准提高行动计划》、新版《药品生产质量管理规范》（GMP）、新版《中国药典》等药品安全性检测标准以及药品注册申报程序进一步规范，不良反应监测和药品再评价工作的加强，以及药品电子监管体系的逐步建立，均对医药产品的质量和安全提出了更高的要求。

药品质量与安全责任主要表现在以下两个方面：

第一，药品本身的质量和安全保障。从药品研发、生产、流通到使用，都必须符合一系列相应的质量管理规范要求，包括《药品非临床研究质量管理规范》（GLP）、《药物临床试验质量管理规范》（GCP）、《中药材生产质量管理规范》（GAP）、《药品生产质量管理规范》（GMP）、《药品经营质量管理规范》（GSP）、《药品使用质量管理规范》（GUP）等。在医药产品的生产过程中，保证原材料使用的无毒害，生产流程中的药品不被污染等；在药品流通中建立仓储、运输、必要时的全程冷链物流；在药品临床使用中，处方合理，用量适中并符合规定，避免用药不当而产生药品不良反应等，这些都是保证药物质量和安全的重要环节。

第二，产品说明合规。对消费者来讲，药物特别是 OTC 类药物的使用主要依靠药品信息的说明。因此，产品说明书对消费者合理用药至关重要，需严格按照药监局的批复呈现。同时，要详细说明药品的疗效和副作用，以便使用者识别、用药。

（二）保障药品的可及性

药品在一定程度上具有不可替代性。药品供应的及时性和充足性关系患者的健康甚至生命，因此，其重要性不能单纯以需求量和利润率来衡量。在医疗救助、自然灾害面前，保证医疗用品及时足量供应是医药企业的社会责任内容之一，医药企业应发挥行业特点和优势，发扬救死扶伤的人道主义精神，扶危济困，救助弱势群体。此外，对于廉价药、孤儿药等特殊种类药品，不能单纯以成本收益决定其产出。医药企业要树立责任意识，保证廉价药品的可获得性以及特殊患病人群的药品需求；部分药品可能会因特殊情况，如突发性灾难等导致紧缺，医药企业对此建立相应的应急机制和常态储备机制保证药品的及时供应，也是履行社会责任之道。

当前，我国正在加速建设和完善医保体系。对于偏远地区和农村地区来说，药品特别是基本药物的可获得性是建设医保体系和医疗改革的重要内容。

由于药品供应不足、物流体系不健全等原因，部分偏远和农村地区基本药物短缺的现象严重。基本药物的可获得性障碍主要是由以下几个因素造成的：一是医药企业不生产基本药物；二是药品流通企业不经营基本药物；三是医院不储备基本药物。针对这些情况，医药企业要重视基本药物的生产和销售，通过自身的经营和销售体系促进基本药物的流通和可及性。

面对当前我国医保体系建设的进程，医药企业要适时融入，发挥自身优势支持医疗改革，改善农村和偏远地区药品可获得性差的现状。

（三）创新研发

人类健康不断面临着各种新疾病的威胁，细菌和病毒的变异使传统药物的疗效降低，这要求医药行业不断创新以缓解和解决这些问题。医药创新一方面通过增加药品的种类以满足更多疾病患者的需要，另一方面通过提高药物疗效以更好地满足消费者的需求。截至 2015 年 3 月，67 家医药行业上市公司公布了 2014 年的研发费用支出，总计约为 53.56 亿元，占营业收入的比例仅为 4.9%，而发达国家医药行业将销售额的 10%~20%用于新药研究与开发。医药科技投入不足是当前我国医药行业创新存在的问题之一。

国务院《关于加快培育发展战略性新兴产业的决定》将生物医药列为重点发展领域之一；持续推动创新药物研发，增强技术创新能力被列为医药工业"十二五"规划的主要任务和目标。从根本上讲，创新是医药企业更好履行消费者责任的重要途径。

此外，医药产品的研发生产必须要经过临床试验和动物试验以保证药品的疗效和安全。新型药品的研发必须以伦理道德为基础，试验也必须建立在严格的流程基础上。医药企业在药品研发过程中不仅要在临床试验中尊重被试者的权利，也要在动物试验中保护动物权利。

（四）环境保护

近年来，制药企业因环保不达标而被责令停产，因违规排污致使环境遭受污染的事件屡见报端，对制药企业的环境责任提出了严峻的挑战。制药业是化学需氧量、氨氮排放的重点行业之一，国家对制药行业的环境监管越来越严格，治污不力不仅影响企业的生存与发展，也会对环境造成严重的不良影响。

因此，医药行业在环境保护方面承担着重要责任。医药工业"十二五"规划提出推进医药工业绿色发展的任务，提高清洁生产和污染治理水平，大力推进节能节水。医药企业履行环境责任需要加强环境管理，在生产经营中尽量减少因废气、废水和废弃物造成的环境污染。

（五）合规经营

近几年来，医药销售行贿事件频发，虚假广告屡禁不止，严重损害了医药行业公平竞争和诚信经营的环境。医药企业在自身经营中应遵守国家法律法规政策，秉持诚信经营和公平竞争的原则开展商业活动。

首先，在医药销售中，应杜绝类似商业贿赂等一系列反公平竞争的行为，特别在医药销售中，禁止各种行贿行为，对医药代表进行严格的监督、管理和培训，与同业伙伴公平竞争，维持药品流通市场的优良竞争环境和秩序。

其次，在医药产品的宣传中，要确保宣传手段、渠道的合法合规，确保药品信息的真实性，杜绝虚假宣传。

第二章 医药行业的社会责任报告特征与趋势

一、国际医药行业社会责任报告的特征

根据财富世界 500 强榜单和道琼斯可持续发展指数（The Dow Jones Sustainability Indexes，DJSI）中领先企业名单，我们选取以下在可持续发展方面表现优异的 6 家企业作为目标研究对象，对其报告进行特征分析。从表 2-1 中可以看出，国际医药企业首次发布报告的时间有早有晚，罗氏制药和阿斯利康从 1999 年开始发布社会责任报告，而赛诺菲直到 2012 年才第一次发布英文版的社会责任报告。罗氏制药、阿斯利康、诺和诺德的报告都直接命名为年度报告（Annual Report），报告中主要阐述企业履行社会责任的相关情况。诺华公司的报告名称则为企业责任表现报告（Corporate Responsibility Performance Report）。

表 2-1　目标医药企业社会责任报告基本信息表

企业名称	总部所在地	首份报告发布时间	报告名称	报告页数
罗氏制药（Roche Group）	瑞士	1999 年	年度报告	179（2014 年）
阿斯利康（Astrazeneca）	英国	1999 年	年度报告	248（2014 年）
诺和诺德（Novo Nordisk）	丹麦	2004 年	年度报告	116（2014 年）
诺华公司（Novartis）	瑞士	2008 年	企业责任表现报告	248（2014 年）
赛诺菲（Sanofi）	法国	2012 年	企业社会责任报告	359（2014 年）
葛兰素史克（Glaxo Smith Kline PLC）	英国	2002 年	企业社会责任报告	52（2014 年）

（一）报告深入分析企业可持续发展的内外部环境

国际医药公司在深入分析企业的内外部环境的基础上制定可持续发展战略，表现出鲜明的时代特征和行业特征。罗氏制药的报告在业务回顾中以市场环境（Market Environment）为主题分析了医疗保健系统整体面临的压力和医疗保健的可获得性；阿斯利康的报告则分析了全球药品市场的销售情况；诺和诺德以较长的篇幅叙述了药品准入制度、控制糖尿病并发症、肥胖是否为疾病等行业热点话题；诺华公司的报告分析了企业面临的行业内外的严重威胁和机遇；赛诺菲在报告中披露了公司面临的挑战等。

有的企业不仅分析了企业的内外部环境，还具体描述了企业在该年度的回应措施，并提出下一阶段的目标或者计划，如赛诺菲。

（二）紧密结合公司战略，关注核心议题，报告具有显著的行业特征和公司特征

在报告中体现可持续发展理念、具有明显的战略导向和成果导向是国际医药企业报告的共同特点。每家企业的报告都有独立的章节阐述企业的战略方向及其制定战略的策略，有的企业会把企业的战略直接体现在当年报告的题目中。比如阿斯利康 2014 年的报告中用近 20 页的篇幅阐释企业战略，介绍公司的商业模型、价值观，以及这些战略如何驱动阿斯利康选择该做什么和怎么做。

表 2-2　阿斯利康（Astrazeneca）社会责任报告的主题（2012~2014 年）

年　份	报告主题
2012	以创新创造价值（Delivering Value Through Innovation）
2013	科学能做什么（What Science Can Do）？
2014	开创性的科学，改变人生的药物（Pioneering Science, Life-changing Medicines）

虽然每家企业的业务范围、所处地区、主要的药物研发方向有所差别，但总体而言，医药行业企业关注的议题是有趋同性的，其中有一些议题具有显著的医药行业特征。表 2-3 为目标企业报告对行业议题关注的情况。

表 2-3　2014 年国际标杆企业社会责任议题关注情况

议题 ＼ 企业名称	罗氏制药	阿斯利康	诺和诺德	诺华公司	赛诺菲	葛兰素史克
禁止商业贿赂	√	√	√	√	√	√
广告合规				√	√	√
药品质量	√	√		√		√
缩小医疗鸿沟	√	√	√	√		√
新药研发	√	√	√	√	√	√
动物实验	√	√	√	√	√	√
负责任的临床试验	√	√	√	√	√	√
供应链管理	√	√	√	√	√	√
降低环境影响	√	√	√	√	√	√

从表 2-3 中可以看出，国际领先药企对议题的关注趋同，尤其是对医药行业的特有议题如新药研发，研发伦理中的动物实验、临床试验等，各公司都在报告中做了不同形式的披露。虽然议题趋同，但各个公司所做的社会责任实践却各有不同，在缩小医疗鸿沟这个议题上表现最为明显：诺和诺德和赛诺菲表现为各地区的药品差别定价，贫困地区的药品定价低；葛兰素史克在非洲国家资助中小企业构建一个低成本且有效的私营部门药品供应链；罗氏制药的策略是帮助拉丁美洲、中国、非洲等发展中国家和地区建立癌症私人医疗保险以及在非洲南部为新生儿提供艾滋病毒检查等。

（三）报告"以数据说话"特征明显，并且有第三方验证

国际领先的医药企业的报告中定量数据披露较多，报告呈现"以数据说话"的特征。其中，诺华公司的报告遵照全球报告倡议组织（GRI）的 G4 标准（可持续发展报告编写标准）编写，诺华公司的报告覆盖了 G4 建议披露的定量指标的 80% 以上；诺和诺德的报告更可称为"报表型"报告，几乎每一个议题在报告中都有相应的数据体现，比如动物实验，诺和诺德的报告中详细披露了每一类动物的购买数量，并且对比了连续三年的数据。

此外，国际领先的医药企业重视社会责任报告的质量，尤其是数据的真实性，多数企业除了会在报告中自述其董事会保证报告的真实性以外，还会增加第三方机构的验证（见表 2-4）。

表 2-4　目标医药企业报告的审查和评估情况

企业名称	罗氏制药	阿斯利康	诺和诺德	诺华公司	赛诺菲	葛兰素史克
第三方验证	√	√	√	√	√	√

（四）报告强调公司运营的透明性，并诚恳披露负面信息

医药行业的伦理问题，包括经营伦理和研发伦理，一直备受争议，特别是医药企业类似行贿的违反商业道德的行为时有发生，成为媒体和公众矛头的指向。公开、透明是医药企业面对质疑时最强大的盾牌，也是其履行社会责任的重要内容。6 家目标企业的报告都明确提出透明运营的理念，尤其涉及临床试验、动物实验、新药研发等议题，企业在社会责任报告中会详细披露这些方面的具体做法，尽量全面地回应社会质疑。

此外，目标企业也会在报告中诚恳披露当年发生的负面信息。如诺和诺德在 2013 年报告中的案例"不该发生的错误"详细说明了 2013 年 10 月诺和诺德公司在几个欧洲国家因质量问题召回某些批次已经预装好的胰岛素产品；阿斯利康公司披露了公司工作人员因不遵守公司行为准则和全球政策而受到的处罚及人员数量。这些负面信息的披露说明国际先进的医药企业在披露信息时遵从透明性原则，而不是"报喜不报忧"，增加了报告的可信度。

二、国内医药行业社会责任报告特征

根据国内医药企业发布社会责任报告的情况，我们选择了包括中国医药集团总公司、华润医药集团有限公司、上海复星医药（集团）股份有限公司、天狮集团有限公司等 7 家企业作为样本，分析国内医药行业的社会责任报告特征。表 2-5 是 7 家企业的基本信息，表 2-6 是 7 家企业社会责任报告的基本信息。

通过观察国内医药企业社会责任报告的基本情况和趋势，本书总结并分析了国内医药企业社会责任报告的四个特征：①报告披露议题更加具有医药行业自身特色；②报告形式稳定，篇幅有所增加，内容更加充实；③编制科学性仍需完善，30%的报告编写没有参照标准，只有不到 50%的报告进行了第三方评价或报

表 2-5　国内医药行业样本企业基本信息①

企业名称	企业性质	首份年度报告	首份报告页数
上海复星医药（集团）股份有限公司	民营企业	2008 年	76
上海医药集团股份有限公司	其他国有企业	2009 年	5
中国医药集团总公司	中央企业	2010 年	73
广州医药集团有限公司	其他国有企业	2010 年	65
天狮集团有限公司	民营企业	2010 年	不详
华润医药集团有限公司	其他国有企业	2012 年	25
辉瑞（中国）制药有限公司	外资企业	2014 年	36

表 2-6　国内医药行业样本企业社会责任报告基本信息②

企业名称	报告名称	参考标准	第三方评价/报告评级	页码	报告发展历程
上海复星医药（集团）股份有限公司	《2014 年企业社会责任报告》	《GRI4》《环境、社会及管治报告指引》③《CASS-CSR3.0》④ISO26000⑤	《全球报告倡议组织报告指南（G4）(2013)》结论、发现和建议	125	2008~2014 年：年度企业社会责任报告
上海医药集团股份有限公司	《企业社会责任报告2014》	《GRI4》《上海证券交易所上市公司环境信息披露指引》⑥《公司履行社会责任的报告编制指引》⑦《环境、社会及管治报告指引》		68	2009 年：社会责任报告 2010~2013 年：年度社会责任报告 2014 年：企业社会责任报告
中国医药集团总公司	《企业社会责任报告2014》	《关于中央企业履行社会责任的指导意见》⑧《CASS-CSR3.0》《GRI4》ISO26000	《中国医药集团总公司企业社会责任报告 2014》评级报告	79	2010~2014 年：企业社会责任报告

① 按首份年度报告时间排序。
② 截至《医药行业指南 3.0》出版前，目标企业发布报告为其最新的社会责任报告。
③ 香港联合交易所有限公司：《环境、社会及管治报告指引》。
④ 中国社会科学院经济学部企业社会责任研究中心发布《中国企业社会责任报告编写指南》，分别于 2009 年 12 月、2011 年 3 月和 2014 年 1 月发布《CASS-CSR1.0》《CASS-CSR2.0》和《CASS-CSR3.0》一般框架。
⑤ 国际标准化组织（ISO）：《社会责任指南：ISO26000（2010）》。
⑥ 上海证券交易所：《上海证券交易所上市公司环境信息披露指引》。
⑦ 上海证券交易所：《公司履行社会责任的报告编制指引》。
⑧ 国务院国有资产监督管理委员会：《关于中央企业履行社会责任的指导意见》。

续表

企业名称	报告名称	参考标准	第三方评价/报告评级	页码	报告发展历程
广州医药集团有限公司	《2013 年社会责任报告》	《中国医药流通企业社会责任指南（试行）》《中国工业企业及工业协会社会责任指南》《CASS–CSR2.0》	《广州医药集团有限公司 2013 年社会责任报告》评级报告	64	2010~2013 年：社会责任报告
天狮集团有限公司	《企业社会责任报告 2014》			112	2011~2014 年：企业社会责任报告
华润医药集团有限公司	《社会责任报告 2014》	《关于中央企业履行社会责任的指导意见》《中央企业"十二五"和谐发展战略实施纲要》《CASS–CSR3.0》		88	2013~2014 年：社会责任报告
辉瑞（中国）制药有限公司	《情系中国 2014 瑞辉中国企业社会责任实践》			36	2014 年：瑞辉中国企业社会责任实践

告评级；④报告结构的完整性有待进一步提升。

（一）报告披露议题更加具有医药行业自身特色

目前在国内医药行业中，上海复星医药（集团）股份有限公司、上海医药集团股份有限公司、中国医药集团总公司以及广州医药集团有限公司等都已连续多年发布企业社会责任报告。报告所披露议题更加凸显行业自身特色，聚焦于行业关键议题。例如，广州医药报告自 2010 年起，连续三年使用市场绩效、社会绩效和环境绩效的三重底线作为报告的三个大标题，客户责任、员工责任、质量管理等议题分别在某个大标题下，并且篇幅相当，看不出任何侧重点。相比较而言，2014 年，广州医药报告有了重大创新，主体框架由三重底线方式转变成利益相关方的形式，报告分为客户责任、股东责任、安全责任以及其他利益相关方责任。可以看出，报告明确了客户责任、股东责任和安全责任是医药行业的关键议题，将相对重要性较低的政府责任、社区责任等议题整合放入其他利益相关方责任中。报告尤其重点突出安全责任议题，介绍了企业的全面风险管理体系以及药品质量安全等内容，具有医药行业特色，与其他行业的区分度越来越高。这说明企业已经逐渐开始关注行业关键议题，积极回应各利益相关方对行业的期望。

（二）报告形式稳定，篇幅有所增加，内容更加充实

从表 2-6 中可以看出，近年来，医药行业的社会责任报告形式变化不大，基本保持稳定。7 家样本企业报告均以"社会责任"命名。从报告独立与否来看，我国医药行业发布的企业社会责任报告均为独立报告，反映了行业整体对通过社会责任报告与利益相关方进行沟通交流的重视。从是否发布社会责任英文报告角度看，我国医药行业均未发布过英文报告，反映行业在与国际利益相关方进行交流沟通时，社会责任报告的地位和作用需要进一步加强。

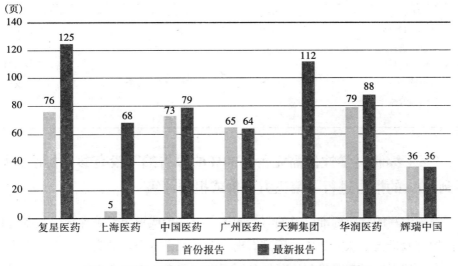

图 2-1 国内医药行业样本企业社会责任报告页码对比

从图 2-1 可以看出，国内医药企业首份社会责任报告与最新一份社会责任报告相比，大部分企业报告的页数是有增加的，少数企业页数与之前持平。例如上海复星医药从 2008 年的 76 页增加到 2014 年的 125 页；上海医药从 2009 年的 5 页增加到 2014 年的 68 页。在样本企业最新发布的 7 本报告中，复星医药和天狮集团的报告均超过了 100 页，其余 5 家企业中有 4 家企业的报告为 50~100 页。这在一定程度上说明报告的内容更加丰富，同时说明行业对企业履行社会责任的重视程度在不断提升。

报告内容更加丰富不仅体现在报告的页数多少上，同时从报告所披露的议题和具体指标上也能看出。如表 2-7 所示，以上海复星医药（集团）股份有限公司

2008~2014 年所发布的社会责任报告为例，7 年的时间，复星医药报告的框架做过三次明显调整。2009 年在前一年的基础上增加产品（主要指产品安全性）方面的议题；2010~2011 年将之前的产品安全替换为质量安全，同时在环保部分增加了职业健康安全的议题；2012 年至 2014 年，报告又在产品质量安全的基础上增加与产品相关的服务质量内容，包括药品零售、过期药品回收与处置等具体的行业关键议题。可以看出，报告所披露的指标和议题覆盖面越来越广，相应的报告内容也越来越充实。

表 2–7　上海复星医药（集团）股份有限公司 2008~2014 年报告框架对比

2008 年	2009 年	2010~2011 年	2012~2014 年
战略与管理	战略与管理	战略与管理	战略与管理
经济责任	经济	经济	经济
环境责任	环保	质量安全	产品与服务质量
员工	产品（安全）	环境与健康安全	环境健康与安全
社会公益	员工	员工	员工
	社会	社会	社会

（三）编制科学性仍需完善，30％的报告编写没有参照标准，只有不到 50％的报告进行了第三方评价或报告评级

报告编写的参照标准以及编写后的第三方评价或评级是确保报告编制过程科学性的有效措施。从表 2–6 中不难看出，在 7 家样本企业的最新一年报告中，有两家企业的报告没有明确其编写的参照标准，只有 3 家企业在报告编写完成后进行了第三方评价或报告评级，不到总数的 50％，可见报告编制的科学性仍有待进一步完善。在 3 家具有第三方评价或评级报告的企业中，上海复星医药（集团）股份有限公司邀请通标标准技术服务有限公司为报告进行验审声明，声明认为该企业已逐步建立社会责任体系，全面搭建沟通平台，同时积极回应利益相关方期望。中国医药集团总公司以及广州医药集团有限公司则由中国社科院经济学部企业社会责任研究中心出具评级报告。

（四）报告结构的完整性有待进一步提升

表 2-8 国内医药行业样本企业最新社会责任报告完整性

企业名称	报告说明	企业简介	实质性议题分析	利益相关方沟通	履责实践	关键绩效	指标索引
上海复星医药（集团）股份有限公司	√	√		√	√	√	√
上海医药集团股份有限公司	√	√	√	√	√	√	
中国医药集团总公司	√	√	√	√	√	√	√
广州医药集团有限公司	√	√			√		√
天狮集团有限公司					√		
华润医药集团有限公司	√	√	√	√	√	√	
辉瑞（中国）制药有限公司		√			√		

国内医药行业企业社会责任报告在结构完整性上参差不齐，从表 2-8 中可以看出，国内医药行业的企业社会责任报告在履责实践、企业简介、报告说明以及关键绩效几个方面披露度比例较高，其中 100%的企业披露了履责实践的相关信息，86%的企业披露了企业简介，71%的企业披露了报告说明以及企业履责的关键绩效。相比之下，国内医药企业在利益相关方沟通、实质性议题分析和指标索引几个方面披露相对较少，57%的企业披露了企业与利益相关方的沟通，只有43%的企业披露了实质性议题分析以及指标索引相关信息。由此可见，国内医药行业的企业社会责任报告比较注重自身固有信息的披露，包括企业的履责实践以及实践达到的绩效，企业的介绍和报告的说明等，而对表现报告编制过程性的实质性议题分析和利益相关方沟通、佐证报告科学性的指标索引披露较少。国内的医药企业已经开始意识到要履行社会责任，并将履责的内容与绩效加以披露，但缺少对社会责任的分析研究与整合概括，报告结构的完整性有待进一步提升。

第三章 医药行业社会责任议题

医药行业具备自身行业特征，在市场、社会和环境领域拥有与其他行业不同的社会责任议题。

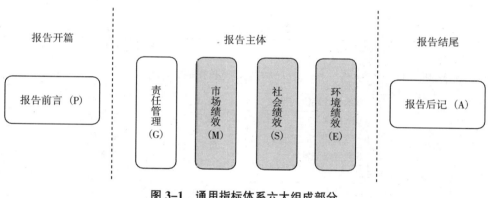

图 3-1 通用指标体系六大组成部分

一、市场绩效（M 系列）

表 3-1 市场绩效

一般框架指标		医药行业指标	
客户责任（M2）	基本权益保护	客户责任（M1）	客户关系管理
	产品质量		药品质量
	产品服务创新		用药安全
	客户满意度		药品营销
			药品研发与创新

一般框架指标		医药行业指标	
伙伴责任（M3）	促进产业发展	伙伴责任（M2）	促进产业发展
	价值链责任		价值链责任
	责任采购		
股东责任（M1）	股东权益保护	股东责任（M3）	股东权益保护
	财务绩效		财务绩效

二、社会绩效（S 系列）

表 3-2　社会绩效

一般框架指标		医药行业指标	
政府责任（S1）	守法合规	政府责任（S1）	守法合规
	政策响应		政策响应
员工责任（S2）	基本权益保护	员工责任（S2）	基本权益保护
	薪酬福利		平等雇佣
	平等雇佣		职业健康与安全
	职业健康与发展		职业发展
	员工发展		
	员工关爱		员工关爱
安全生产（S3）	安全生产管理	安全生产（S3）	安全生产管理
	安全教育与培训		安全生产教育与培训
	安全生产绩效		安全生产绩效
社区参与（S4）	本地化运营	社区责任（S4）	本地化运营
	公益慈善		公益慈善
	志愿者活动		志愿者活动

三、环境绩效（E 系列）

表 3-3　环境绩效

一般框架指标		医药行业指标	
绿色经营（E1）	环境管理体系	绿色经营（E1）	环境管理体系
	环保培训		环保培训
	环境信息公开		环境信息公开
	绿色办公		绿色办公
绿色工厂（E2）	能源管理	绿色生产（E2）	节能减排
	清洁生产		
	循环经济		循环经济
	节约水资源		节约水资源
	减少温室气体排放		应对气候变化
绿色产品（E3）	绿色供应链		
	绿色低碳产品研发		绿色制造
	产品包装物回收再利用		
绿色生态（E4）	生物多样性	绿色生态（E3）	生物多样性
	生态恢复与治理		生态恢复与治理
	环保公益		

指 标 篇

第四章　报告指标

一、报告前言（P系列）

本板块依次披露报告规范、报告流程、企业高层的社会责任声明、企业简介（含公司治理概况）以及社会责任工作年度进展。

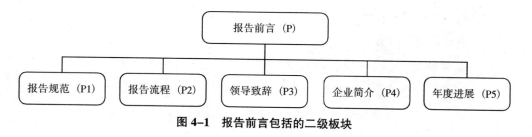

图4-1　报告前言包括的二级板块

（一）报告规范（P1）

扩展指标　P1.1 报告质量保证程序

指标解读： 规范的程序是社会责任报告质量的重要保证。报告质量保证程序是指企业在编写社会责任报告的过程中通过什么程序或流程确保报告披露信息正确、完整、平衡。

一般情况下，报告质量保证程序的要素主要有：

● 报告是否有第三方认证以及认证的范围；

● 在企业内部哪个机构是报告质量的最高责任机构；

● 在企业内部报告的编写和审批流程。

示例：

公司承诺本报告内容不存在任何虚假记载、误导性陈述或重大遗漏，并对其真实性、准确性和完整性负责。

——《华润医药社会责任报告 2014》（P86）

核心指标　P1.2 报告信息说明

指标解读： 该指标主要包括第几份社会责任报告、报告发布周期、报告参考标准和数据说明等。

示例：

本报告说明

本报告是华润医药集团有限公司发布的第二份年度社会责任报告。第一份报告于 2014 年 7 月发布。

本报告主要介绍本公司开展社会责任管理，履行对股东责任、员工责任、客户责任、伙伴责任、环境责任、社会责任等方面的重要信息，包括意愿、行为、绩效、承诺及未来改进。此外，华润医药集团下属 3 家上市公司也各自编制了社会责任报告。

本报告发布的信息和数据覆盖华润医药集团及下属具有管理权的子公司。

除了通过本报告披露社会责任管理和履责情况外，华润医药还通过公司网站的新闻资讯栏目和社会责任栏目，进行日常信息披露。网址：http: // www.crpharm.com/shzr/zrgl/

1. 报告可靠性保证

公司承诺本报告内容不存在任何虚假记载、误导性陈述或重大遗漏，并对其真实性、准确性和完整性负责。

2. 报告时间范围

2014 年 1 月 1 日至 12 月 31 日，部分内容超出此范围。

3. 报告发布周期

华润医药社会责任报告为年度报告。

4. 报告数据说明

报告中的数据来源于公司内部文件和信息统计系统数据。

5. 报告参考标准

国务院国资委《关于中央企业履行社会责任的指导意见》、《中央企业"十二五"和谐发展战略实施纲要》；中国社会科学院《中国企业社会责任报告编制指南（CASS-CSR3.0)》；《华润企业公民建设指引》、《华润医药集团社会责任工作管理办法》。

6. 报告称谓说明

报告中"华润医药集团有限公司"以"华润医药"、"集团"、"我们"表示。

——《华润医药社会责任报告 2014》(P86)

核心指标 P1.3 报告边界

指标解读：该指标主要指报告信息和数据覆盖的范围，如是否覆盖下属企业、合资企业以及供应链。

由于各种原因（如并购、重组等），一些下属企业或合资企业在报告期内无法纳入社会责任报告的信息披露范围，企业必须说明报告的信息边界。

此外，如果企业在海外运营，需在报告中说明哪些信息涵盖了海外运营组织；如果企业报告涵盖供应链，需对供应链信息披露的原则和信息边界作出说明。

示例：

本报告时间跨度为 2014 年 1 月 1 日至 2014 年 12 月 31 日，与复星医药 2014 年度报告同时披露，报告内容所涉及的财务数据以及所覆盖的范围与 A 股发布的《上海复星医药（集团）股份有限公司 2014 年年度报告》相符（报告中披露的财务数据以外的其他数据，不包括 2014 年 6 月 30 日之后纳入本集团的成员企业）。

——《复星医药 2014 年社会责任报告》(P4)

核心指标 P1.4 报告体系

指标解读：该指标主要指公司的社会责任信息披露渠道和披露方式。

社会责任信息披露具有不同的形式和渠道。部分公司在发布社会责任报告的同时发布国别报告、产品报告、环境报告、公益报告等，这些报告均是企业披露社会责任信息的重要途径，企业应在社会责任报告中对这些信息的披露形式和渠道进行介绍。

> **示例：**
>
> **报告体系**
>
> 　除了通过本报告披露社会责任管理和履责情况外，华润医药还通过公司网站的新闻资讯栏目和社会责任栏目，进行日常信息披露。网址：http://www.crpharm.com/shzr/zrgl/
>
> ——《华润医药社会责任报告 2014》（P86）

核心指标　P1.5 联系方式

指标解读：该指标主要包括解答报告及其内容方面问题的联络人及其联络方式以及报告获取方式和延伸阅读。

> **示例：**
>
> **报告获取**
>
> 北京市朝阳区曙光西里甲五号凤凰置地广场 A 座写字楼 12 层
>
> 电话：010-57985000
>
> 传真：010-57985200
>
> 邮箱：dbgw@crpharm.com
>
> 网址：http://www.crpharm.com/shzr/shzrbg/
>
> ——《华润医药社会责任报告 2014》（P86）

（二）报告流程（P2）

扩展指标　P2.1 报告编写流程

指标解读：该指标主要指公司从组织、启动到编写、发布社会责任报告的全过程。完整、科学的报告编写流程是报告质量的保证，也有助于利益相关方更好地获取报告信息。

示例：

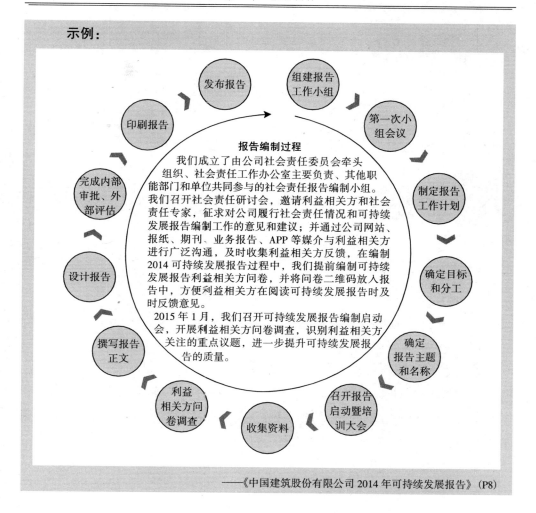

报告编制过程

我们成立了由公司社会责任委员会牵头组织、社会责任工作办公室主要负责、其他职能部门和单位共同参与的社会责任报告编制小组。我们召开社会责任研讨会，邀请利益相关方和社会责任专家，征求对公司履行社会责任情况和可持续发展报告编制工作的意见和建议；并通过公司网站、报纸、期刊、业务报告、APP 等媒介与利益相关方进行广泛沟通，及时收集利益相关方反馈，在编制 2014 可持续发展报告过程中，我们提前编制可持续发展报告利益相关方问卷，并将问卷二维码放入报告中，方便利益相关方在阅读可持续发展报告时及时反馈意见。

2015 年 1 月，我们召开可持续发展报告编制启动会，开展利益相关方问卷调查，识别利益相关方关注的重点议题，进一步提升可持续发展报告的质量。

——《中国建筑股份有限公司 2014 年可持续发展报告》（P8）

核心指标 P2.2 报告实质性议题选择程序

指标解读：该指标指在社会责任报告过程中筛选实质性议题的程序、方式和渠道；同时也包括实质性议题的选择标准。

企业在报告中披露实质性议题选择程序，对内可以规范报告编写过程，提升报告质量，对外可以增强报告的可信度。

示例：

公司积极响应全球报告倡议组织 GRI（G4）、中国社科院《CASS-CSR3.0》等标准倡议，结合企业实际，认真甄别企业社会责任核心议题，明

确社会责任重点议题，科学确定报告内容边界，披露履责实践及成效，切实
回应利益相关方关切。

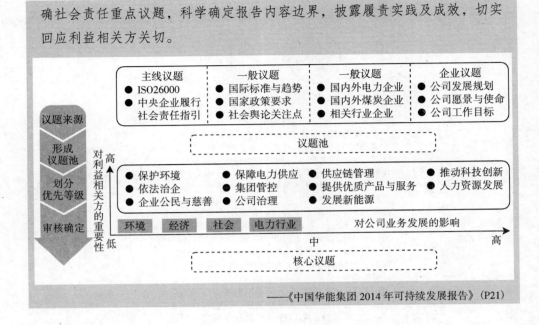

——《中国华能集团 2014 年可持续发展报告》（P21）

扩展指标　P2.3 利益相关方参与报告编写过程的程序和方式

指标解读：该指标主要描述利益相关方参与报告编写的方式和程序。利益相
关方参与报告编写可以增强报告的回应性，同时维持良好的多方关系。利益相关
方参与报告编写的方式和程序包括但不限于：

● 利益相关方座谈会；

● 利益相关方访谈与调研；

● 利益相关方咨询等。

（三）领导致辞（P3）

领导致辞是企业最高领导人（团队）对企业社会责任工作的概括性阐释，领
导致辞代表了企业最高领导人（团队）对社会责任的态度和重视程度，主要包括
以下两个方面的内容。

核心指标　P3.1 企业履行社会责任的机遇和挑战

指标解读：该指标主要描述企业实施社会责任工作的战略考虑及企业实施社
会责任为企业带来的发展机遇。

核心指标 P3.2 企业年度社会责任工作成绩与不足的概括总结

指标解读： 该指标主要指企业本年度在经济、社会和环境领域取得的关键绩效，以及存在的不足。

（四）企业简介 （P4）

核心指标 P4.1 企业名称、所有权性质及总部所在地

核心指标 P4.2 企业主要品牌、产品及服务

指标解读： 通常情况下，企业对社会和环境的影响主要通过其向社会提供的产品和服务实现。因此，企业应在报告中披露其主要品牌、产品和服务，以便于报告使用者全面理解企业的经济、社会和环境影响。

核心指标 P4.3 企业运营地域，包括运营企业、附属及合营机构

指标解读： 企业运营地域、运营企业界定了其社会和环境影响的地域和组织，因此，企业在报告中应披露其运营企业，对于海外运营企业还应披露其运营地域。

核心指标 P4.4 按产业、顾客类型和地域划分的服务市场

指标解读： 企业的顾客类型、服务地域和服务市场界定了其社会和环境影响的范围，因此，企业应在报告中披露其服务对象和服务市场。

示例：

华润医药立足于整个医药健康产业链，为人们提供生命健康的保证，在药品制造和医药商业方面均具有雄厚的产业基础和领先的竞争优势。药品制造方面，我们为大众提供涵盖化学药、中药、生物药、健康养生品等领域的优质产品，并在大输液、心脑血管用药、内分泌用药、生殖健康用药、感冒药、胃肠药、皮肤药等细分市场具有领先优势。在医药商业方面，我们提供专业化的医药分销、纯销、零售和物流服务，并在医院直销、医院药品物流智能一体化服务（HLI）、现代物流配送等方面居于国内领先地位，拥有覆盖全国 31 个省（市、自治区）的营销网络。在创新研发方面，华润医药有丰富的研发资源和人才，建有国家级中成药和胶类中药两个工程技术研究中心及多个省级技术中心，是国家计划生育用药和生殖健康用药科研基地。

——《华润医药社会责任报告 2014》（P6）

核心指标 **P4.5 按雇佣合同（正式员工和非正式员工）和性别分别报告从业员工总数**

指标解读： 从业人员指年末在本企业实际从事生产经营活动的全部人员。包括在岗的职工（合同制职工）、临时工及其他雇用人员、留用人员，不包括与法人单位签订劳务外包合同的人员，同样不包括离休、退休人员。

扩展指标 **P4.6 列举企业在协会、国家组织或国际组织中的会员资格或其他身份**

指标解读： 企业积极参与协会组织以及国际组织，一方面是企业自身影响力的表现，另一方面可以发挥自身在协会等组织的影响力，带动其他企业履行社会责任。

示例：

复星医药参与的部分协会名单

协会名称	担任职务	协会名称	担任职务
中国医药物资协会	会长单位	中国化学制药工业协会	副会长单位
中国医药报刊协会	副会长单位	中国非公立医疗机构协会	副会长单位
中国医药生物技术学会	副理事长单位	中国医疗保险研究会	理事单位
中国医药工业科研开发促进会	副会长单位	中国药学会	单位会员
中国医药经济技术与管理杂志（中国医药技术联盟）	副理事长	中国非处方药协会	常务理事单位
全国医药技术市场协会	理事单位	中国价格协会	理事单位
上海市生物医药行业协会	会长、协会法人	中国医药企业管理协会	副会长单位
上海市遗传学会	理事单位	复旦生物医药校友联谊会	发起单位
上海市生物工程学会	副理事长	上海市医药行业协会	副会长
上海市微生物学会	个人会员	上海医疗保险协会	常务理事单位
上海医药商业行业协会	副会长	医药青年联合会	个人会员
上海市执业药师协会	副会长	中国卫生经济学会	副会长单位
中国医学装备协会临床检验装备技术专业委员会	副主任委员	卫生产业企业管理协会检验用品分会理事会	常务副理事长
谈家桢基金会	发起人之一	全国医用临床检验实验室和体外诊断系统标准化委员会	企业委员/常务委

——《复星医药 2014 年企业社会责任报告》（P29）

扩展指标 **P4.7 报告期内关于组织规模、结构、所有权或供应链的重大变化**

（五）年度进展（P5）

社会责任年度进展主要包括报告期内企业社会责任工作的年度变化、取得的关键绩效以及报告期内企业所获重大荣誉。

核心指标 P5.1 年度社会责任重大工作

指标解读：年度社会责任工作进展主要指从战略行为和管理行为的角度出发，企业在报告年度内做出的管理改善，包括但不限于：

● 制定新的社会责任战略；

● 建立社会责任组织机构；

● 在社会责任实践领域取得的重大进展；

● 下属企业社会责任重大进展等。

核心指标 P5.2 年度责任绩效

指标解读：年度责任绩效主要从定量的角度出发披露公司在报告期内取得的重大责任绩效，包括但不限于：

● 财务绩效；

● 客户责任绩效；

● 伙伴责任绩效；

● 员工责任绩效；

● 社区责任绩效；

● 环境责任绩效等。

核心指标 P5.3 年度责任荣誉

指标解读：年度责任荣誉主要指公司在报告期内在责任管理、市场责任、社会责任和环境责任方面获得的重大荣誉奖项。

示例：

获奖单位	获奖名称	授予单位
华润医药	中国 AAA 级信用企业	中国合作贸易企业协会 中国企业信用评价中心 商务部研究院信用评级与认证中心
华润医药	中国医药行业企业集团十强	中国化学制药工业协会
华润医药商业	2013 年度中国药品流通行业批发企业主营业务收入排序第 2 名	中国医药商业协会

续表

获奖单位	获奖名称	授予单位
华润医药商业	全国先进物流企业	中国交通运输协会
华润三九	《参附注射液品质控制与产业化关键技术应用》荣获 2013 年度国家科技进步二等奖	中华人民共和国国务院
东阿阿胶	2014 年度工业企业质量标杆（实施全产业链质量控制的经验）	工业和信息化部

——《华润医药社会责任报告 2014》（P11）

二、责任管理（G 系列）

有效的责任管理是企业实现可持续发展的基石。企业应该推进企业社会责任管理体系的建设，并及时披露相关信息。根据最新研究成果，[①] 企业社会责任管理体系包括责任战略、责任治理、责任融合、责任绩效、责任沟通和责任能力六大

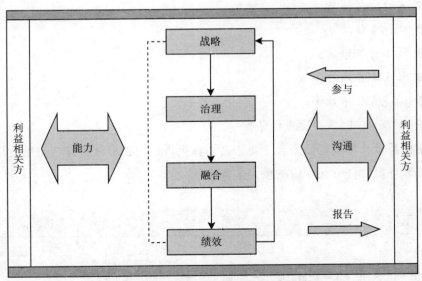

图 4-2　企业社会责任管理的六维框架

---

① 该框架是国资委软课题《企业社会责任推进机制研究》的成果，课题组组长：彭华岗，副组长：楚序平、钟宏武，成员：侯洁、陈锋、张璟平、张蕙、许英杰。

部分。其中，责任战略的制定过程实际上是企业社会责任的计划（Plan—P）；责任治理、责任融合的过程实际上是企业社会责任的执行（Do—D）；责任绩效和报告是对企业社会责任的评价（Check—C）；调查、研究自己社会责任工作的开展情况、利益相关方意见的反馈以及将责任绩效反馈到战略的过程就是企业社会责任的改善（Act—A）。这六项工作整合在一起就构成了一个周而复始、闭环改进的 PDCA 过程，推动企业社会责任管理持续发展。

（一）责任战略（G1）

社会责任战略是指公司在全面认识自身业务对经济社会环境影响、全面了解利益相关方需求的基础上，制定明确的社会责任理念、核心议题和社会责任规划，包括以下四个方面的内容。

 G1.1 社会责任理念、愿景、价值观

指标解读：该指标描述企业对经济、社会和环境负责任的经营理念、愿景及价值观。

责任理念是企业履行社会责任的内部驱动力和方向，企业应该树立科学的社会责任观，用以指导企业的社会责任实践。

示例：

责任理念"携手爱 为健康"

关爱大众
我们为爱出发，以诚信、专业、品质、创新服务大众健康，让生活因健康而充满希望，梦想因健康而灵动翱翔。

携手合作
我们积极与政府、股东、员工、合作伙伴、竞争对手、社区精诚合作，携手服务大众健康，共同推进行业持续健康发展。

服务健康
一切从大众健康需求出发，努力为大众提供安全、质优、广泛、可获得的医药保健产品和商业流通服务。

——《华润医药社会责任报告 2014》（P31）

示例：

理念：用心做药，民之健康为念

企业宗旨：关心大众，健康民生

使命：一切从健康生命开始

愿景：努力成为"最让客户、员工满意和放心，最受行业尊重"的国内领先制药企业之一

价值观：诚实守信，业绩导向，客户至上，感恩回报

——《华润双鹤社会责任报告 2014》（P18）

扩展指标 G1.2 企业签署的外部社会责任倡议

指标解读： 企业签署外部社会责任倡议体现了其对社会责任的重视，同时，外部社会责任倡议也是公司履行社会责任的外部推动力。

核心指标 G1.3 辨识企业的核心社会责任议题

指标解读： 本指标主要描述企业辨识社会责任核心议题的工具和流程，以及企业的核心社会责任议题包括的内容。企业辨识核心社会责任议题的方法和工具包括但不限于：

● 利益相关方调查；

● 高层领导访谈；

● 行业背景分析；

● 先进企业对标等。

示例：

根据利益相关方调研，结合公司的战略和运营，识别出华润医药社会责任的3个实质性议题，分别是：产品和服务质量、服务基层百姓、诚信合规经营。

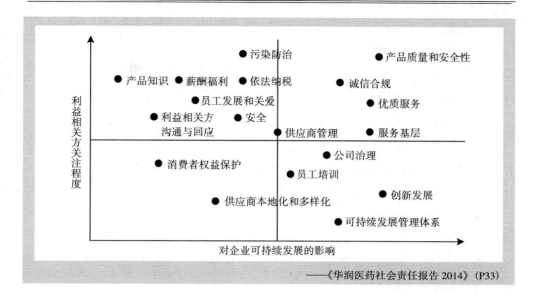

利益相关方关注程度

● 污染防治 　　● 产品质量和安全性
● 产品知识 ● 薪酬福利 ● 依法纳税 　　● 诚信合规
● 员工发展和关爱 　　● 优质服务
● 利益相关方 ● 安全 　　● 服务基层
沟通与回应 ● 供应商管理
　　● 公司治理
● 消费者权益保护 ● 员工培训
　　● 创新发展
● 供应商本地化和多样化 ● 可持续发展管理体系

对企业可持续发展的影响

——《华润医药社会责任报告2014》（P33）

扩展指标　G1.4 企业社会责任规划

指标解读：社会责任规划是企业社会责任工作的有效指引。本指标主要描述企业社会责任工作的总体目标、阶段性目标、保障措施等。

（二）责任治理（G2）

责任治理是指通过建立必要的组织体系、制度体系和责任体系，保证公司责任治理理念得以贯彻，保证责任治理规划和目标得以落实。责任治理包括责任治理组织、责任治理制度等方面。

扩展指标　G2.1 社会责任领导机构

指标解读：社会责任领导机构是指由企业高层领导（通常是企业总裁、总经理等高管）直接负责的、位于企业委员会层面最高的决策、领导、推进机构，例如社会责任委员会、可持续发展委员会、企业公民委员会等。

示例：

为加强社会责任工作的推进和领导力度，华润医药成立了企业文化和社会责任指导委员会，由集团主要领导担任主任、副主任，管理团队成员和下属主要利润中心负责人为委员会成员。

——《华润医药社会责任报告2014》（P31）

扩展指标 G2.2 利益相关方与企业最高治理机构之间沟通的渠道或程序

指标解读：利益相关方与最高治理机构之间的沟通和交流是利益相关方参与的重要内容和形式。企业建立最高治理机构和利益相关方之间的沟通渠道有助于从决策层高度加强与利益相关方的交流，与利益相关方建立良好的伙伴关系。

核心指标 G2.3 建立社会责任组织体系

指标解读：本指标主要包括以下两个方面的内容：①明确或建立企业社会责任工作的责任部门；②企业社会责任工作部门的人员配置情况。

一般而言，社会责任组织体系包括三个层次：

● 决策层，主要由公司高层领导组成，负责公司社会责任相关重大事项的审议和决策；

● 组织层，公司社会责任工作的归口管理部门，主要负责社会责任相关规划、计划和项目的组织推进；

● 执行层，主要负责社会责任相关规划、计划和项目的落实执行。

> **示例：**
>
> 企业文化和社会责任指导委员会是华润医药社会责任的领导和决策机构，负责集团社会责任战略方向的决策、领导和推进。
>
> 2014 年，华润医药建立起齐抓共管的矩阵式社会责任工作组织体系，推进社会责任工作与企业战略和日常经营、管理工作的融合。
>
> 党委办公室是社会责任管理的职能部门，负责社会责任工作的综合协调和日常管理，设专岗负责；各职能部室结合职责负责推进和落实相应的社会责任专项工作，设兼职负责人员；各利润中心也相应成立社会责任组织机构，指定了专职或兼职负责人。
>
> ——《华润医药社会责任报告 2014》（P31）

核心指标 G2.4 企业内部社会责任的职责与分工

指标解读：由于社会责任实践由公司内部各部门具体执行，因此，在企业内部必须明确各部门的社会责任职责与分工。

示例：

党委办公室是社会责任管理的职能部门，负责社会责任工作的综合协调和日常管理，设专岗负责；各职能部室结合职责负责推进和落实相应的社会责任专项工作，设兼职负责人员；各利润中心也相应成立社会责任组织机构，指定了专职或兼职负责人。

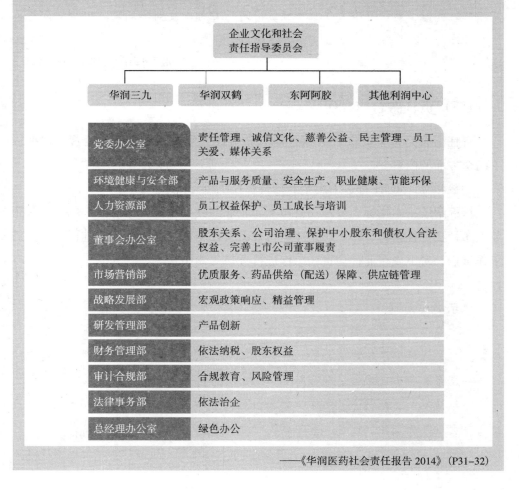

——《华润医药社会责任报告 2014》（P31-32）

扩展指标　　G2.5 社会责任管理制度

指标解读：社会责任工作的开展落实需要有力的制度保证。企业社会责任制度包括社会责任沟通制度、信息统计制度、社会责任报告的编写发布等制度。

示例：

2014 年，华润医药制定并发布了《社会责任工作管理办法》、《对外捐赠管理办法》，明确了工作原则、职责分工、工作流程等；建立了华润医药社会责任管理关键绩效体系，包括责任管理、经济责任、员工责任、客户责任、伙伴责任、公共责任、环境责任 7 个方面、28 个维度、107 个关键绩效指标。同时，实行社会责任工作预算管理，并每季度向华润集团报告对外捐赠情况。

——《华润医药社会责任报告 2014》（P32）

（三）责任融合（G3）

责任融合是指企业将 CSR 理念融入企业经营发展战略和日常运营，包括以下两个方面的内容。

扩展指标　G3.1 推进下属企业社会责任工作

指标解读：本指标主要描述公司下属企业的社会责任工作情况，包括下属企业发布社会责任报告、对下属企业进行社会责任培训、在下属企业进行社会责任工作试点、对下属企业社会责任工作进行考核与评比等。

示例：

华润医药鼓励下属企业加强社会责任工作，积极履行社会责任。下属三家上市公司建立了较为完善的社会责任管理体系，积极践行社会责任，连续多年发布社会责任报告，并在社会评价中得到认可。

华润双鹤、东阿阿胶两家下属公司获得中国工经联组织的"首届中国企业社会责任履责星级评价"五星履责企业称号。

——《华润医药社会责任报告 2014》（P35）

扩展指标　G3.2 推动供应链合作伙伴履行社会责任

指标解读：本指标包括两个层次：一是描述企业对合作机构、同业者以及其他组织履行社会责任工作的倡议；二是推进下游供应链企业的社会责任意识。

（四）责任绩效（G4）

CSR 绩效是指企业建立社会责任指标体系，并进行考核评价，确保社会责任目标的实现。

扩展指标 G4.1 构建企业社会责任指标体系

指标解读：本指标主要描述企业社会责任评价指标体系的构建过程和主要指标。建立社会责任指标体系有助于企业监控社会责任的运行情况。

扩展指标 G4.2 依据企业社会责任指标进行绩效评估

指标解读：本指标主要描述企业运用社会责任评价指标体系，对履行企业社会责任的绩效进行评价的制度、过程和结果。

扩展指标 G4.3 企业社会责任优秀评选

指标解读：本指标主要描述企业内部的社会责任优秀单位、优秀个人评选或优秀实践评选的相关制度、措施及结果。

核心指标 G4.4 企业在经济、社会或环境领域发生的重大事故，受到的影响和处罚以及企业的应对措施

指标解读：如果报告期内企业在经济、社会或环境等领域发生重大事故，企业应在报告中进行如实披露，并详细披露事故的原因、现状和整改措施。

示例：

聚丙烯颗粒漏撒事件

1. 事件背景

2012 年 7 月 23 日，承运商在由广州南沙前往汕头途中，受台风影响有 6 个装载本公司生产的聚丙烯产品的集装箱落入香港海域，箱内白色聚丙烯颗粒散落海面，部分颗粒漂至香港愉景湾、南丫岛深湾等附近海滩，引起广泛关注。

2. 公司应对

在事件的法律责任确定之前，我们要主动承担社会责任。公司要积极配合参与对漏撒颗粒的清理，先行垫付打捞和清理过程发生的费用；无论事件责任归属最终如何认定，公司都将承担自己应该承担的法律责任和社会义务，决不推诿。

——董事长 傅成玉

无论事件责任归属最终如何认定，公司都将积极配合对漏撒胶粒的清理：特别拨款 1000 万港元的专项资金，用于加快打捞和清理工作；中国石化还将视情况，在必要时继续追加这方面的费用支出。

——公司就香港聚丙烯漏撒事件向香港各界作出承诺
2012 年 8 月 9 日

公司搁置争议、主动应对，会同承运商和船公司全力做好集装箱打捞、漏撒清理等工作，并派出技术专家携带检测报告赴港解释产品理化性质，设法消除公众过度担忧；时刻保持与香港方面的密切沟通协调，掌握事件进展以及提供支持，同时开展文件证据的收集整理工作，督促承运商和船公司调查了解清楚事故原因。

3. 相关方反馈

中国石化这次应对胶粒漂港事件，使人耳目一新。

——香港《明报》社评《胶粒事件如一面镜子，折射各方承担与取态》
2012 年 8 月 10 日

在应对香港聚丙烯漏撒等事件上，（中国石化）表现的果断、公开和透明，诠释了一个致力于"绿色环保"的中国企业形象。

——中华工商时报高级记者　周勇刚
——《中国石化 2012 年可持续发展进展报告》（P30-31）

（五）责任沟通（G5）

责任沟通是指企业就自身社会责任工作与利益相关方开展交流，进行信息双向传递、接收、分析和反馈，包括利益相关方参与、CSR 内部沟通机制和外部 CSR 沟通机制等方面。

核心指标　G5.1 企业利益相关方名单

指标解读：利益相关方是企业的履责对象，企业必须明确自身经营相关的利益相关方，并在报告中列举利益相关方名单。

示例:

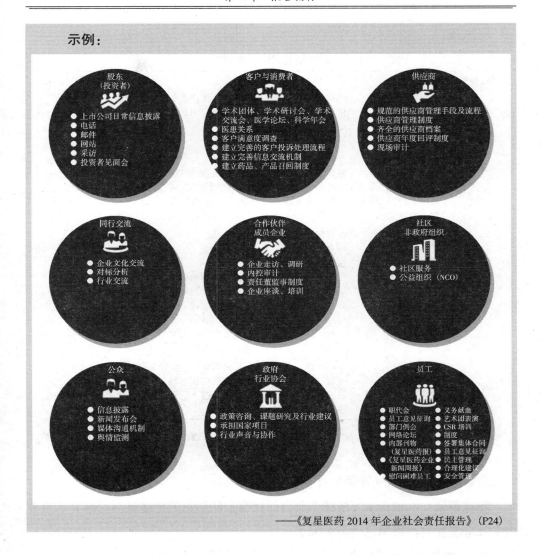

——《复星医药 2014 年企业社会责任报告》(P24)

扩展指标 G5.2 识别及选择核心利益相关方的程序

指标解读: 由于企业利益相关方众多,企业在辨识利益相关方时必须采用科学的方法和程序。

核心指标 G5.3 利益相关方的关注点和企业的回应措施

指标解读: 本指标包含两个方面的内容:①对利益相关方的需求及期望进行调查;②阐述各利益相关方对企业的期望以及企业对利益相关方期望进行回应的措施。

示例：

利益相关方诉求与回应

利益相关方	沟通渠道和方式	诉　求	回　应
政府	会议论坛 拜访会谈 工作汇报 新闻报道 邀请参观视察	确保产品质量安全 依法规经营 创造就业机会 税收贡献	集团所有生产企业、商业企业、研发机构都通过监管部门认证 守法合规 新增就业 依法纳税
股东	会议 定期汇报 业务部门日常沟通 递交财务报表	规范治理 资产保值增值 防范经营风险	完善法人治理结构 加强经营管理，创新经营模式，提高经营效益，实现稳健回报 加强风险防控
员工	职工代表大会 工会活动 调查走访 征求意见	保障权益 职业发展 良好的工作条件 价值实现 困难时候帮扶	企务公开 发挥职代会、工会的作用 薪酬改革 规范建立劳动用工机制 完善收入分配和福利保障机制 职业发展双通道 加强员工培训 创造安全健康的工作环境 建立爱心基金
合作伙伴	论坛会议 走访座谈 项目合作	平等合作 互利共赢 拓展合作领域 带动产业链发展	坚持诚实守信、合作共赢的理念 不断拓展合作领域，创造更多协同价值 打通产业链上下游，与合作伙伴共同创造价值

——《华润医药社会责任报告 2014》（P34）

核心指标　G5.4 企业内部社会责任沟通机制

指标解读：本指标主要描述企业内部社会责任信息的传播机制及媒介。企业内部社会责任沟通机制包括但不限于：

● 内部刊物，如《社会责任月刊》、《社会责任通讯》等；

● 在公司网站建立社会责任专栏；

● 社会责任知识交流大会；

● CSR 内网等。

示例：

复星医药员工沟通渠道

职代会 员工意见征询 部门例会 网络论坛 内部刊物《复星医药报》 《复星医药企业新闻周报》 慰问困难员工 义务献血 艺术团表演 CSR 培训	2014 年复星医药及成员企业积极召开职代会； 复星医药每周一举行晨会，向全体员工更新本公司一周以来的各项信息，传达各项政策、制度和要求；参与复星集团工会代表大会，并反馈意见； 每年定期组织全体员工进行体检，保障员工身心健康； 复星医药每月定期出版《复星医药报》，报纸面向本集团员工，以内部传播平台展现复星医药及下属成员企业的各项发展情况； 复星医药每周通过邮件发送《复星医药企业新闻周报》给所有员工，有效传播信息，加强企业内部沟通； 本集团工会积极发挥复星医药工会和各成员企业分工会的作用，及时帮助有困难的职工解决实际困难。2014 年，复星医药及成员企业对员工进行走访慰问，参与走访慰问的企业包括洞庭药业、禅城医院、钟吾医院、新生源、淮阴医疗、凯茂生物、星耀医学、长征医学等； 复星医药工会每年组织员工义务献血，员工积极响应； 各成员企业积极开展艺术团活动，并互相交流，工会在 2014 年邀请了钟吾医院艺术团来访表演，起到了企业文化融合的良好作用； 关怀退休老员工，重阳节、春节期间邀请退休员工参加团拜活动； 开展社会责任报告小组成员的 CSR 培训。

——《复星医药 2014 年企业社会责任报告》(P28)

核心指标　**G5.5 企业外部社会责任沟通机制**

指标解读：本指标主要描述企业社会责任信息对外部利益相关方披露的机制及媒介，如发布社会责任报告、召开及参加利益相关方交流会议、工厂开放日等。

示例：

华润医药和下属利润中心还结合公司实际，通过在公司网站开辟社会责任专栏，在内刊上刊登社会责任实践活动、走访座谈利益相关方、召开沟通说明会、工作汇报、上市公司年报、消费者热线、舆情监测、品牌宣传、参与外部机构的活动等，多渠道多形式与利益相关方沟通。

——《华润医药社会责任报告 2014》(P36)

核心指标　**G5.6 企业高层领导参与的社会责任沟通与交流活动**

指标解读：本指标主要描述企业高层领导人参加的国内外社会责任会议，以及会议发言、责任承诺等情况。

（六）责任能力（G6）

责任能力指企业通过开展社会责任课题研究、参与社会责任交流和研讨活动提升组织知识水平；通过开展社会责任培训与教育活动提升组织员工的社会责任意识。

扩展指标 G6.1 开展 CSR 课题研究

指标解读： 由于社会责任是新兴课题，企业应根据社会责任理论与实践的需要自行开展社会责任调研课题，把握行业现状和企业自身情况，以改善企业社会责任管理，优化企业社会责任实践。

扩展指标 G6.2 参与社会责任研究和交流

指标解读： 本指标主要指企业通过参与国内外、行业内外有关社会责任的研讨和交流，学习、借鉴其他企业和组织的社会责任先进经验，进而提升本组织的社会责任绩效。

扩展指标 G6.3 参加国内外社会责任标准的制定

指标解读： 企业参加国内外社会责任标准的制定，一方面促进了自身对社会责任相关议题的深入研究，另一方面也提升了社会责任标准的科学性、专业性。

> **示例：**
>
> 2014 年，华润医药集团积极支持中国社会科学院修编《中国企业社会责任报告编写指南 3.0》医药行业分册。双方共同组织召开专家研讨会，华润医药业务一线的专家和管理人员结合医药行业经验，重点对行业特征指标进行了深入的交流，为指南的修编提供了很有价值的建议。此举有助于促进医药行业企业提升社会责任管理的水平，提升社会责任报告编写的新颖性、科学性。
>
> ——《华润医药社会责任报告 2014》（P35）

核心指标 G6.4 通过培训等手段培育负责任的企业文化

指标解读： 企业通过组织、实施社会责任培训计划，提升员工的社会责任理念，使员工成为社会责任理念的传播者和实践者。

示例：

集团总部、下属利润中心积极在不同层面开展培训、组织研讨、参加社会责任论坛峰会交流等，普及社会责任知识，交流社会责任特色实践，提升公司社会责任工作团队和员工的社会责任意识。

案例：

华润双鹤举行 2014 年社会责任培训，来自该公司总部各职能部门、业务管理中心及下属单位的 80 余名社会责任工作主管领导及联络员以现场或视频方式参加培训。

——《华润医药社会责任报告 2014》（P33）

三、市场绩效（M 系列）

市场绩效描述企业在市场经济中负责任的行为。企业的市场绩效责任分为对自身健康发展的经济责任和对市场上其他利益相关方（主要是客户和商业伙伴）的经济责任。医药行业的市场绩效主要表现在三个方面：客户责任、伙伴责任和股东责任。

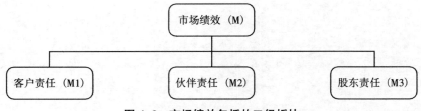

图 4-3   市场绩效包括的二级板块

（一）客户责任（M1）

客户责任主要包括客户关系管理、药品质量、用药安全、药品营销、药品研发与创新五个方面。

1. 客户关系管理

核心指标   M1.1 客户关系管理体系

指标解读： 客户关系管理体系是指以客户为中心，覆盖客户期望识别、客户需求回应及客户意见反馈和改进的管理体系。

> **示例：**
>
> 公司坚持与经销商签订药品质量保证协议，保证药品从出厂、流通到消费者全过程质量追踪管控及质量责任得到确认。公司严格按照《中华人民共和国药品管理法》《药品经营质量管理规范（简称 GSP)》等法律法规和公司相关制度的要求，对收集的客户资料进行全面的审核。
>
> 公司不断总结经验，逐步完善了客户管理制度，积极收集客户资质等相关资料，对客户符合《药品经营质量管理规范》的证书进行定期收集更新。2014 年，对于客户的相关资质证照的收集已达到所有目标客户的 97% 以上，并及时登记并录入系统，及时跟踪客户的经营资质情况，确保客户经营资质的真实性。
>
> ——《华润双鹤社会责任报告 2014》（P42）

核心指标   M1.2 客户满意度

指标解读： 客户满意是指客户对某一产品或服务已满足其需求和期望程度的意见，是客户在消费或使用产品或服务后感受到满足的一种心理体验。本指标要求披露企业对客户满意的重视程度及企业进行客户满意度调查的过程和结果。

示例：

华润医药将提升客户满意度视为提升企业市场竞争力的重要因素，下属各企业根据业务实际，通过建立客户关系管理体系，建立售前售中售后服务体系，开展客户培训，为客户创造价值等工作，与客户共成长，不断提升客户和消费者满意度；同时，通过调查走访客户等，不断改进自身工作。

——《华润医药社会责任报告 2014》（P59）

扩展指标　M1.3 客户申诉机制和处理流程

指标解读：客户申诉是指客户因对企业产品质量或服务不满意而提出的书面或口头上的异议、抗议、索赔和要求解决问题等行为。本指标应披露企业如何为客户提供申诉的通道以及企业如何处理客户的申诉。

示例：

华润双鹤、华润医药商业北京分公司等下属工商企业建立了客户投诉解决机制，在质量管理部设专岗负责客户投诉及质量查询，接到药品质量投诉及时响应，并按规定的程序和要求进行调查处理。

——《华润医药社会责任报告 2014》（P58）

核心指标　M1.4 客户投诉解决率

指标解读：客户投诉解决率是指公司对客户投诉的解决比例。

客户投诉解决率＝客户投诉已解决的次数/客户投诉总次数×100%

核心指标　M1.5 客户信息保护

指标解读：本指标指企业有相关的制度、措施保证客户的信息不外泄。无论是企业或企业员工因被动或主动的原因，在未经客户同意的情况下向第三方提供客户信息的行为均属违反客户信息保护的行为。

示例：

本集团成员企业严格保护客户隐私，在 2014 年度无侵犯客户隐私权及遗失客户资料的投诉，没有收到监管机关的投诉，也未从外部个人或机构收到经机构证实的投诉，2014 年度，本集团成员企业无经证实的信息泄露、失窃或遗失客户资料事件。

——《复星医药 2014 年企业社会责任报告》（P47）

2. 药品质量

核心指标　M1.6 药品质量管理体系

指标解读：质量管理体系是指企业确定质量方针、目标和职责，并且通过质量体系中的质量策划、控制、保证和改进使其实现的全部活动。药品的质量管理体系一般是组织内部建立的，为了实现药品生产的质量目标所必需的、系统的质量管理模式，同时也是组织的一项战略决策。

示例：

华润医药全过程质量管理体系

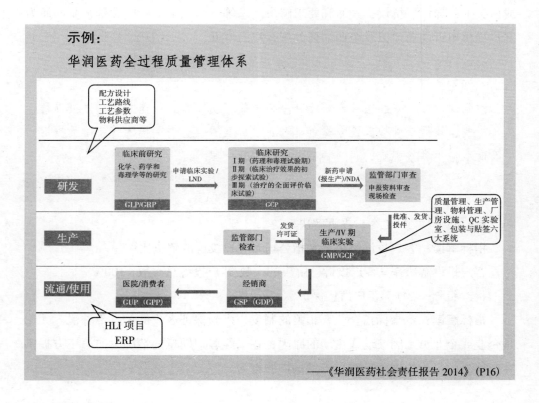

——《华润医药社会责任报告 2014》（P16）

扩展指标　M1.7 药品质量文化

指标解读：药品质量文化是指企业通过宣贯、培训等方式让全体人员树立和了解药品质量与安全的重要性，以及为提升质量管理体系水平、接受最新的质量理念、巩固标准操作程序，企业所进行的一切教育培训活动。

示例：

为全面推动公司质量管理工作，提升全员质量意识，营造重视质量、追求质量、关注质量的良好氛围，2014年公司启动质量文化建设工作，以"质量文化我参与"为主题组织各生产单位开展了丰富多彩的质量月活动。

公司开展"质量方针及宣传标语征集活动"，共收集质量方针197条、质量标语1256条、累计711人次参与，使质量文化深入人心；组织开展"质量文件改善活动"，得到了基层生产单位的积极响应，共收集有效提案725份，通过对质量文件的修订完善，质量保证体系得到了持续改进。

——《华润双鹤社会责任报告2014》（P44）

扩展指标　M1.8 药品质量培训

指标解读： 企业为提升员工质量意识、提升员工保障药品质量的能力而进行的各类与药品质量相关的培训。

示例：

● 为提升员工的质量意识，推进质量文化建设，持续开展"质量、安全、责任"主题活动，活动内容主要包括质量年会、质量宣传月、质量安全培训、专题讲座、知识竞赛、质量受权/负责人会议等。

● 2009年9月起，每年召开"质量生产工作者年会"，各层级与会者进行质量管理、实验室管理、药品安全体系建设、质量责任制应用、精益生产等多方面研讨，共同推进质量改善。

● 2014年7月，首次召开"质量受权/负责人会议"，旨在搭建上市公司全系统质量负责人、受权人沟通交流平台，共同讨论目前产品质量业务的管理现状与问题，规划未来质量业务管理方向，聚焦质量风险。

——《华润三九社会责任报告2014》（P23）

扩展指标　M1.9 药品召回制度

指标解读： 当企业发现药品隐患时，必须收集药品安全的相关信息，对可能具有安全隐患的药品进行调查、评估，召回存在安全隐患的药品（药品隐患指由于研发、生产等原因可能使药品具有的危及人体健康和生命安全的不合理危险）。

本指标要求企业披露企业自身所建立的药品召回制度，如果在报告范围内发生过药品召回事件，也应在报告中披露。

示例：

公司建立健全药品退货、召回制度，按照召回计划的要求及时传达、反馈药品召回信息，控制和收回存在安全隐患的药品。

——《华润双鹤社会责任报告 2014》（P43）

核心指标 **M1.10 过期药品回收与处置**

指标解读： 过期药会污染环境，如果落到药贩子手中被加工并"翻新上市"，还会危害百姓身体健康，扰乱药品市场秩序。因此，企业应该建立过期药品回收与处置的渠道，对过期药品进行统一回收、统一销毁。本指标要求企业披露本企业对过期药品的回收与处置方式。

示例：

华润三九对所生产药品过程中的不合格品、所属过期药品、过期留样品以及生产所有的不合格原辅料，均由机关部门专人收集登记保管，达到一定数量后统一交由有处理资质的环保公司进行集中销毁，留档备查。在销毁有毒品时，提前报检市药检局备案并在药检局工作人员监督下，委托有处理资质公司按照法规要求，合规销毁处理。

——《华润三九社会责任报告 2014》（P24）

核心指标 **M1.11 药品抽检合格率**

指标解读： 本指标是指企业所生产的药品在国家市场抽检中的合格率。

药品抽检合格率=抽检合格的样品量/抽检总样品量×100%

示例：

2014 年，下属华润双鹤、华润赛科、华润紫竹、东阿阿胶的产品在国家的市场抽检中全部合格，抽检合格率 100%。

——《华润医药社会责任报告 2014》（P22）

3. 用药安全

扩展指标　M1.12 药品安全培训

指标解读：本指标旨在披露企业指导公众安全合理用药的制度和措施。

示例：

华润双鹤"鹤鸣、鹤舞行动"：帮助基层防治高血压

华润双鹤针对基层医疗卫生发展，推出"鹤鸣行动"、"鹤舞行动"，投入大量资源培训基层医生和培训患者，为基层高血压防治工作贡献了一份力量。"鹤鸣行动"自 2012 年开始运行，通过网络和面授培训，向县、乡、村级基层医生宣传高血压防治知识，为基层医生送知识、送技术、送服务。三年间，"鹤鸣行动"累计在全国各地举办高血压防治培训会 300 余场，共培训基层医疗人员近 8 万人；以网络学院形式累计培训 3 万余人，建立基层医生数据库 6 万余份；以学术手机报形式，发送手机报 33 期，累计发送 120 万人次。"鹤舞行动"以专家对医生、医生对患者的分层培训形式，定期对高血压患者举行《中国高血压患者教育指南》公益讲座，灌输高血压防治的正确理念。活动开展一年多以来，在河北、山东、江苏等省份共组织 60 余场社区居民讲座，已经惠及 6000 多名患者。

——《华润医药社会责任报告 2014》（P27）

核心指标　M1.13 药品不良事件应急机制

指标解读：药品不良事件是指发生突然、对社会公众健康造成或可能造成严重损害的药品质量事件、群体性药害事件、严重药品不良反应事件、重大制售假劣药品事件及其他严重影响公众健康的突发药品安全事件。企业应针对药品不良事件建立应急机制，有效预防、及时控制和正确处置各类药品不良事件的发生。本指标要求披露企业对药品不良事件的应急机制。

示例：

公司对药品质量信息进行收集和分析，跟踪市场抽检情况，对国家、省药品质量公告及时核对，发现与本企业相关的药品品种，及时采取有效措施并进行控制性管理；建立健全公司药品退货、召回制度，按照召回计划的要求及时传达、反馈药品召回信息，控制和收回存在安全隐患的药品；按照新版 GSP 要求从药品采购、收货、验收、储存、养护、销售、出库、运输各个环节实现全面计算机质控管理；建立质量事故报告制度。

——《华润双鹤社会责任报告 2014》（P43）

扩展指标 **M1.14 因药品质量问题造成的患者伤亡数量**

指标解读：本指标要求披露企业在报告期内因本企业生产的药品有质量问题而造成患者伤亡的数量。

扩展指标 **M1.15 因药品或服务信息不当导致的意外事件**

指标解读：本指标要求披露企业在报告期内因企业的药品或服务信息不当而导致的意外事件，应披露事件的过程和处理的结果。

扩展指标 **M1.16 药品风险管理计划**

指标解读：药品风险管理计划是在公司药品上市后，为更好地发挥药品疗效、控制用药人群的风险，并使之最小化而制定的计划。药品风险管理计划是企业开展上市后药品风险管理的指导性文件。药品风险管理计划包括品种的风险梳理、启动风险最小化行动计划必要性评估、制定风险最小化行动计划的效果评估等内容。

示例：

充分的市场调研，可以确保公司及时了解市场信息，及时了解不同阶层客户的需求，及时收集客户的意见和建议，这对于提高产品质量、提高客户满意度等方面都具有深远和重大的意义。2014 年 6 月，公司起草《2014 年华润双鹤市场调研计划》，对市场调研的调研对象选择方法和选择标准、调研问卷的设计等进行了详细的解释和说明，并于 8~11 月组织各生产单位开展调研，对调研数据分析和汇总、提交调研报告；并根据调研所发现的问题，进行根源分析，制定详细的整改计划。

——《华润双鹤社会责任报告 2014》（P44）

扩展指标 **M1.17 药品上市后的重点监测**

指标解读：药品重点监测是指为进一步了解药品的临床使用和不良反应发生

情况，研究不良反应的发生特征、严重程度、发生率等，开展的药品安全性监测活动。

> **示例：**
>
> 　　为了履行这份责任，双鹤积极开展 GMP 和 GPS 认证，瞄准国际一流水平提升内部管控标准，积极建立起高于国家标准的产品质量内部管理监督制度及质量标准，不断加强自动化检测程度，实施精益管理，提高质量管理水平，建立了质量安全管理体系，确保产品质量始终具备强大的市场竞争力；坚持对上市后的药品进行长期跟踪，对临床使用数据和不良反应数据进行分析，为药品再研发和工艺改进提供重要依据。
>
> ——《华润双鹤社会责任报告 2014》(P11)

4. 药品营销

核心指标 M1.18 确保药品信息真实全面的制度和承诺

指标解读： 企业生产的药品必须附有说明书，药品说明书的内容应包括药品的品名、规格、生产企业、药品批准文号、产品批号、有效期、主要成分、适应证或功能主治、用法、用量、禁忌、不良反应和注意事项，中药制剂说明书还应包括主要药味（成分）性状、药理作用、贮藏等。本指标要求企业必须有相关的制度和承诺，保证药品说明书中披露的信息真实全面，不得误导医务人员和患者。

核心指标 M1.19 确保药品标签合规

指标解读： 药品包装的内标签、外标签应符合国家食品药品监督管理总局对药品标签的相关规定。

> **示例：**
>
> 　　2014 年度，本集团成员企业在产品及服务标示方面，严格遵守国家法律法规，无产品和服务的信息及标识违规的事件。
>
> ——《复星医药 2014 年企业社会责任报告》(P47)

核心指标 M1.20 确保药品宣传合规真实

指标解读： 药品广告和宣传的内容必须符合《广告法》及国家相关法律法规，

保证药品广告真实、合法、科学。

示例：

2014 年度，本集团成员企业在市场宣传过程中，严格遵守国家法律法规，未出现因违法广告宣传而被监管部门通报查处的情况。

——《复星医药 2014 年企业社会责任报告》（P47）

扩展指标　M1.21 因药品储存、运输不当导致的意外事件

指标解读： 企业应披露在报告期因药品储存、运输不当导致的意外事件，客观阐述事件所造成的损失和人员伤亡情况，以及企业的后续处理。

核心指标　M1.22 在药品销售中杜绝商业贿赂的制度和措施

指标解读： 企业应在药品定价和流通环节严格把关，制定相关的制度和措施，杜绝商业贿赂的滋生。

示例：

本集团成员企业制定了《采购、销售人员反商业贿赂管理办法》、《反商业贿赂举报登记管理办法》等相关管理办法，坚决禁售有争议产品。

本集团成员企业在 2014 年度内无违规事件和违反营销宣传规定的事件。严格执行市场销售团队合规经营措施，保证公司与业务部门签订合规经营协议书，销售部与业务员和代理商执行合规经营责任制度。制定市场推广计划及相关合同审批流程，各责任部门分工协作，做到事先预防、过程监督、事后审计相结合，确保本集团成员企业经营行为符合国家法律法规的要求。

——《复星医药 2014 年企业社会责任报告》（P47）

5. 药品研发与创新

核心指标　M1.23 研发和创新的制度与措施

指标解读： 本指标主要指在企业内部建立鼓励研发和创新的制度，形成鼓励研发和创新的文化，并在报告中披露企业的研发规划和方向。

示例：

复星医药集团始终将自主创新作为企业发展的原动力。我们持续完善仿创结合的药品研发体系，不断加大对"4+1"研发平台的投入，在小分子化学创新药、大分子生物仿制药、高难度仿制药、特色制剂（给药技术）等领域打造了高效的研发平台，推进创新体系建设，提高研发能力，推进新产品上市，努力提升核心竞争力。本集团拥有国家级企业技术中心，并在中国上海、重庆，美国旧金山三地建立了高效的国际化研发团队。为契合自身竞争优势，本集团的研发持续专注于代谢及消化系统、心血管、中枢神经系统、抗肿瘤及免疫调节、抗感染等治疗领域，且主要产品均在各自细分市场占据领先地位。

——《复星医药 2014 年企业社会责任报告》（P33）

扩展指标　M1.24 生物技术药物的研发

指标解读： 生物技术药物是指所有以生物质为原料的各种生物活性物质及其人工合成类似物，以及通过现代生物技术制得的药物。本指标要求披露企业针对生物技术药品的研发进程和成果。

扩展指标　M1.25 仿制药的研发和制造

指标解读： 仿制药是指专利药品在专利保护期结束后，不拥有该专利的药企仿制的替代药品。本指标要求披露企业研发和制造仿制药的过程，如何使仿制药和原研药在给药途径、剂量、使用条件和临床效果上达到一致的措施。

扩展指标　M1.26 药用辅料和包装材料新技术开发

指标解读： 开展药用辅料和包装材料的新材料、新技术、新方法的科研工作。

核心指标　M1.27 研发投入

指标解读： 本指标主要指在报告期内企业在科技或研发方面投入的资金总额。

示例：

2014 年，华润医药集团研发投入 4.2 亿元，用于化药、中药天然药、生物药、滋补保健品等领域新产品的研发、工艺改进和产品力提升。获得各级资金支持 4 项，获科技奖项 2 项。

——《华润医药社会责任报告 2014》（P64）

核心指标　M1.28 研发人员数量及比例

指标解读：研发人员指企业直接从事（或参与）研发活动，以及专门从事研发活动管理和为研发活动提供直接服务的人员。累计从事研发活动的时间占制度工作时间 50%（不含）以下的人员不统计。

> **示例：**
>
> 2014 年，华润三九科技人员数为 360 人。
>
> ——《华润三九社会责任报告 2014》(P27)

扩展指标　M1.29 新增专利数

指标解读：本指标主要包括报告期内企业新增专利申请数和新增专利授权数。

> **示例：**
>
> 2014 年，华润医药加强产品研发创新，产品创新成果丰富，产品力不断提升。共获得 5 个新产品生产批文，3 个品种临床批件；获得 35 项专利；新申报专利 88 项，且全部为发明专利。
>
> ——《华润医药社会责任报告 2014》(P41)

扩展指标　M1.30 新药品销售额

指标解读：在报告期内上市的新药品销售额。

扩展指标　M1.31 重大创新成果

指标解读：本指标主要指报告期内企业获得的关于产品和服务创新的重大奖项。

> **示例：**
>
> 在核心产品二次开发方面，公司围绕药材资源、生产工艺、质量标准、临床循证医学研究等开展了大量的系统性研究，并取得了阶段性研究成果。在研新产品项目 41 项，获得临床批件 1 项，药品再注册批件 50 项，获批高新技术产品 9 项，申请国家发明专利 26 项，国家发明专利授权 12 项，同时获两个专利奖项，分别是 2014 年 4 月"一种参附注射液及其制备方法"

（专利权人：雅安三九药业有限公司）获"2013 年四川省专利奖二等奖"；2014 年 12 月"一种中药提取罐系列专利在中药、化药中的应用"（专利权人：华润三九（南昌）药业有限公司）获南昌市科技局专利实施项目奖。

——《华润三九社会责任报告 2014》（P27）

核心指标　M1.32 遵守医药研发伦理

指标解读：本指标要求披露企业在新药开发时，在动物试验、临床试验等环节是如何遵循伦理，保障被试动物和临床患者的权利。

扩展指标　M1.33 新药特药研发

指标解读：本指标指企业积极研发优质新药、特色药的措施及绩效，要求企业具有可持续的研发能力，并主动披露研发进程。

扩展指标　M1.34 新研发药物临床使用成效

指标解读：本指标指企业创新研发的药物在临床使用中的成效，保障患者权益，提高治疗效果。

扩展指标　M1.35 对进口替代和迫使同类进口药价格降低的贡献

指标解读：本指标指企业通过积极研发新药特药实现国产药品对进口药品替代的行动，以及对迫使同类进口药价格降低的贡献，解决患者"用药难、吃药贵"的困境。

（二）伙伴责任（M2）

伙伴责任主要包括促进行业发展和供应链责任两个部分。

1. 促进行业发展

核心指标　M2.1 战略共享机制及平台

指标解读：本指标主要描述企业与合作伙伴（商业和非商业的）建立的战略共享机制及平台，包括但不限于：

● 长期的战略合作协议；

● 共享的实验基地；

● 共享的数据库；

● 稳定的沟通交流平台等。

示例：

2014 年 3 月 31 日，由中国医学科学院作为牵头单位，华润医药集团等 8 家单位参与组建的"新药创制先进技术与产业化协同创新中心"（以下简称"协同创新中心"）成立暨揭牌仪式在北京举行。"协同创新中心"以中国医学科学院下属药物研究院（药物研究所、医药生物技术研究所和药用植物研究所）、北京协和医院和基础医学研究所为牵头单位，联合国内药物研究领域居领先地位的高校北京大学、清华大学、沈阳药科大学和国内药物研发龙头企业石药集团、华药集团、华润医药集团、天士力控股集团有限公司七家单位共同组建而成。"协同创新中心"按照"国家急需、世界一流、制度先进、贡献突出"的要求，围绕新创制的先进技术与产业化，积极整合企业与院校优势研发资源，有效聚焦创新要素，构建能够真正解决国家重大需求的创新发展新机制与新模式，在生物医药领域支持国家京津冀协同发展战略任务，将形成国家医药领域高水平产学研为一体的联合基地。

——《华润医药社会责任报告 2014》（P69）

[核心指标] **M2.2 诚信经营的理念与制度**

指标解读：该指标主要描述确保企业对客户、供应商、经销商以及其他商业伙伴诚信的理念、制度和措施。

[核心指标] **M2.3 公平竞争的理念及制度**

指标解读：公平竞争主要指企业在经营过程中遵守国家有关法律法规，遵守行业规范和商业道德，自觉维护市场秩序，不采取阻碍互联互通、掠夺性定价、垄断渠道资源、不正当交叉补贴、诋毁同业者等不正当竞争手段。

[核心指标] **M2.4 经济合同履约率**

指标解读：该指标主要反映企业的管理水平和信用水平。

经济合同履约率＝截至考核期末实际履行合同份数/考核期应履行合同总份数×100%

[扩展指标] **M2.5 医药分销物流体系建设**

指标解读：医药分销物流体系是指依托一定的物流设备、技术和物流管理信息系统，有效整合营销渠道上下游资源，通过优化药品供销配运环节中的验收、存储、分拣、配送等作业过程，提高订单处理能力，降低货物分拣差错，缩短库存及配送时间，减少物流成本，提高服务水平和资金使用效益，实现自动化、信息化和效益化。

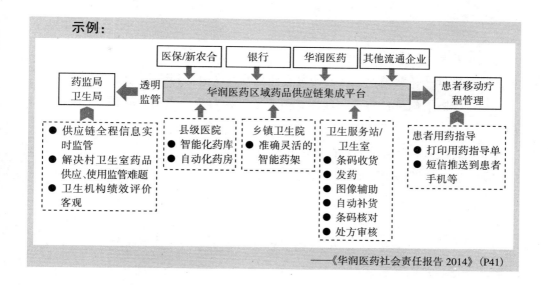

示例：

——《华润医药社会责任报告 2014》（P41）

2. 供应链责任

扩展指标 M2.6 识别并措述企业的供应链及责任影响

指标解读：识别企业的价值链是管理企业社会责任影响的基础。企业应识别其价值链上的合作伙伴及企业对价值链伙伴的影响。

扩展指标 M2.7 企业在促进供应链履行社会责任方面的倡议和政策

指标解读：企业应利用其在价值链中的影响力，发挥自身优势，与价值链合作伙伴共同制定社会责任倡议和相关行业社会责任发展建议。

扩展指标 M2.8 企业对供应链成员进行的社会责任教育、培训

指标解读：该指标主要描述企业对供应商、经销商等价值链伙伴进行社会责任培训或社会责任宣传教育的活动。

示例：

华润三九借助清华总裁班、精英训练营等项目，对重点及优质客户提供培训，努力实现与客户共同学习、共同进步的目标。2014 年全年共组织优质经销商管理人员参加清华培训 3 次，各片区组织精英训练营 48 场。通过

三九商道学院项目，在提升客户满意度及客户服务水平的同时，与客户共同学习，共同发展，更好地履行健康产业的社会责任。

——《华润医药社会责任报告 2014》（P63）

核心指标 **M2.9 公司责任采购的制度和比率**

指标解读： 一般情况下，公司负责任采购程度由低到高分为三个层次：

（1）严格采购符合质量、环保、劳工标准，合规经营的公司的产品或（及）服务；

（2）对供应商进行社会责任评估和调查；

（3）通过培训等措施提升供应商履行社会责任的能力。

示例：

华润三九在采购交易过程中切实履行社会责任，规范采购交易行为，确保采购优质产品和服务。

（1）合理规范挑选和引入供应商，注重与供应商建立长期战略合作伙伴关系，确保供应链采购业务的连续性和长期有效性。诚信守法，与供应商寻求共同发展，形成供应商良性竞争格局。

（2）与供应商合作过程中明确要求并加强对供应商社会责任理念的宣导和传输。确立对供应商遵纪守法的明确期望。

（3）根据供应商产能和市场资源合理安排采购订单，将责任采购纳入企业采购的日常行为中，避免削弱供应商遵守社会和环境标准的能力。

（4）跟进供应商合同协议中相关社会责任要求的履行情况，合同执行过程中，就社会责任和市场资源环境方面定期与供应商进行交流。

（5）作为药品制造行业原材料采购，必须严格遵守国家及公司质量标准要求，从源头保障药品安全性。

——《华润三九社会责任报告 2014》（P29）

扩展指标 **M2.10 供应商社会责任评估和调查的程序和频率**

指标解读： 一般情况下，对供应商进行社会责任审查可分为企业自检或委托第三方机构对供应商履行社会责任的情况进行审查。

核心指标　M2.11 供应商通过质量、环境和职业健康安全管理体系认证的比率

指标解读：供应商通过质量、环境和职业健康安全管理体系认证可从侧面（或部分）反映供应商的社会责任管理水平。

扩展指标　M2.12 供应商受到经济、环境和社会方面处罚的个数

指标解读：该指标主要指企业供应商中在经济、社会或环境方面受到政府处罚的个数以及严重程度。

扩展指标　M2.13 第三方物流体系评估和监督

指标解读：第三方药品物流是指建立在药品供应链架构下，服务内容比较完整的专业平台，其运营模式以社会化服务为导向，以计算机网络技术为依托，以现代物流设施、设备为基础，以完善的药品保障体系为核心，为药品生产、经营企业和预防、医疗单位用药，提供廉价、快捷、规范的新型药品物流综合服务平台。本指标要求企业披露企业选择第三方物流体系的评估标准，以及企业对第三方药品物流的监督方式。

（三）股东责任（M3）

股东责任包括股东权益保护和财务绩效两个议题板块。

1. 股东权益保护

扩展指标　M3.1 股东参与企业治理的政策和机制

指标解读：本指标主要描述股东参与企业治理的政策和机制，这些政策和机制包括但不限于股东大会、临时性股东大会等。

> **示例：**
>
> 公司自 1997 年上市以来，致力于为股东最大化创造价值，构建与股东的和谐关系，得到市场投资者的广泛认可。在经济效益稳步增长的同时，多年来坚持现金分红回报股东及投资者，2014 年派送现金红利 1.96 亿元。本年公司共召开股东大会 3 次，表决通过 12 项议案，充分保障公司全体股东特别是中小股东享有平等地位并有效行使股东的权利。
>
> ——《华润双鹤社会责任报告 2014》（P48）

扩展指标　**M3.2 保护中小投资者利益**

指标解读：本指标主要内容包括保证中小股东的知情权、席位、话语权以及自由转让股份权、异议小股东的退股权等。

示例：

华润医药公平对待所有股东，公司每个月均向小股东发送月度情况表，就公司经营简况、重大事项和治理情况进行通报。

——《华润医药社会责任报告 2014》（P46）

扩展指标　**M3.3 规范信息披露**

指标解读：及时准确地向股东披露企业信息是履行股东责任不可或缺的重要环节，这些信息包括企业的重大经营决策、财务绩效和企业从事的社会实践活动。企业应根据《公司法》通过财务报表、公司报告等向股东提供信息。上市公司应根据《上市公司信息披露管理办法》向股东报告信息。

示例：

华润医药下属 3 家上市公司均严格按照国家相关法律法规和上市公司相关制度的要求，真实、准确、完整、及时、公平地进行了信息披露。

——《华润医药社会责任报告 2014》（P46）

2. 财务绩效

核心指标　**M3.4 成长性**

指标解读：本指标描述报告期内营业收入及增长率等与企业成长性相关的其他指标。

示例：

面对宏观经济形势下行、行业增幅下降的不利形势，华润医药保持了良好的发展态势，2014 年实现营业收入 1060.5 亿元人民币，同比增长16.43%，增幅高于行业平均水平，整体规模和综合实力继续保持行业第二。

——《华润医药社会责任报告 2014》（P46）

核心指标 M3.5 收益性

指标解读： 本指标即报告期内的净利润增长率、净资产收益率和每股收益等与企业经营收益相关的其他指标。

示例：

主要经济指标	2012 年	2013 年	2014 年	同比变动（%）
资产总额（万元）	6940241	8149503	9533609	16.98
营业收入（万元）	7998793	9109021	10605380	16.43
利润总额（万元）	458444	532018	546697	2.76
净利润（万元）	366379	420680	434035	3.17
净资产收益率	20.51	19.52	15.80	-3.71
归属于母公司净资产收益率（%）	18.82	18.60	13.83	-4.77
资产负债率（%）	74.00	68.74	69.25	0.51
纳税总额（万元）	349612	382091	419727	9.85
资产报酬率（%）	9.11	9.00	8.07	-0.93

——《华润医药社会责任报告 2014》（P46）

核心指标 M3.6 安全性

指标解读： 本指标指报告期内的资产负债率等与企业财务安全相关的指标。

示例：

2014 年，华润医药推进建立医药"财务管理一体化"初步框架。通过加强资金一体化管理，实现节息超过 1.5 亿元；实施"基石行动"，从会计、税务、成本管理和信息系统建设等方面夯实财务基础。同时，强化集团财务管控。产业园、赛科、紫竹财务职能上移至总部，实现财务集中管理；制定发布了《外派财务负责人管理办法》和年度绩效考评方案，明确财务负责人"统一管理、双线汇报"的管理机制，强调对 14 项重大失职行为"一票否决"，对日常管理行为分项计分考核，陆续向 17 家重点利润中心/省级平台公司委派财务负责人；在总部层面和利润中心层面实施"冉星"等财务领导力发展项目，提升利润中心财务能力。

——《华润医药社会责任报告 2014》（P45）

四、社会绩效（S 系列）

社会绩效主要描述企业对社会责任的承担和贡献，主要包括政府责任、员工责任、安全生产和社区责任四个方面。其中，政府责任是现阶段我国企业履行社会责任的重要内容之一，主要描述企业响应政府号召、对政府负责的理念、制度、措施及绩效；员工责任主要描述企业对员工负责、促进员工与企业共同成长的理念、制度、措施、绩效及典型案例；社区责任主要描述企业对社区的责任贡献。

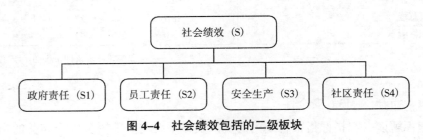

图 4-4　社会绩效包括的二级板块

（一）政府责任（S1）

政府责任主要包括守法合规和政策响应两个方面。

1. 守法合规

核心指标　S1.1 守法合规的理念和政策

指标解读：本指标包括守法合规理念、组织体系建设、制度建设等。

合规（Compliance）通常包含两层含义：①遵守法律法规及监管规定；②遵守企业伦理和内部规章以及社会规范、诚信和道德行为准则等。"合规"首先应做到"守法"，"守法"是"合规"的基础。

示例：

针对国家审计署审计和华润集团对华润医药的运营审计中提出的问题，结合工作实际，华润医药在制度体系建设中着重将合规经营、依法治企的理念融入进去，通过制度固化下来，成为公司的自觉行为和合规的保障。2014 年梳理制定、修改完善的相关制度包括《"三重一大"决策制度实施管理办法》、《投资管理办法》、《重大事项部室会商制度》、《财务管理基本制度》、《内部审计制度》、《合规管理制度》、《规章制度与重要决策法律审核办法》等。

在"华润十戒"的基础上，制定并颁布了"华润医药十五条高压线"：

严禁未经批准私自持有，处置或账外存放公司资产；

严禁违规对外担保、拆借资金；

严禁违规投资；

严禁做假账；

严禁谎报或瞒报重大、特大事故；

严禁泄露企业核心商业秘密；

严禁散布严重影响公司商誉的言论；

严禁接受或索要回扣、不正当馈赠等商业贿赂；

严禁擅自兼职取酬或从事营利性经营活动；

严禁利用职务之便为自己或特定关系人谋取私利；

严禁挪用或私吞公款、侵占公司资产；

严禁违规进行"三重一大"决策；

严禁违反职务回避的行为；

严禁违反授权规定私签合同及私盖公章；

严禁虚假销售、虚假回款及私自非法倒账。

——《华润医药社会责任报告 2014》(P23)

核心指标 S1.2 守法合规培训

指标解读：本指标主要描述企业组织的守法合规培训活动，包括法律意识培训、行为合规培训等。

示例：

2014 年华润三九总部开设了法律讲堂，通过现场培训、案例分享、新法解读等方式培养员工的守法合规意识。年度内，我们开展了 1 期以"安全生产、节能环保"为主题的全员普法培训，开展了 6 期以商业秘密、合同风险防范、知识产权维权为主题的专项法律培训，参会人员达 280 余人次；我们发布了 4 期案例及新法解读，就《新消法》、《新公司法》、《反垄断法》、商业秘密保护等内容进行了深度的剖析。

——《华润三九社会责任报告 2014》（P33）

扩展指标 S1.3 守法合规审核绩效

指标解读：本指标包括企业规章制度的法律审核率、企业经济合同的法律审核率和企业重要经营决策的法律审核率。

2. 政策响应

核心指标 S1.4 纳税总额

指标解读：依法纳税是纳税人的基本义务。

示例：

指标 \ 年度	2012	2013	2014
纳税总额（万元）	349612	382091	419727

——《华润医药社会责任报告 2014》（P84）

核心指标 S1.5 响应行业发展政策

指标解读：响应国家在行业发展上的指导政策是企业回应政府期望与诉求的基本要求。

示例：

华润医药坚持"食品药品安全是最大的民生"，不断提升产品和服务质量，保障百姓用药安全；积极响应国家医改政策，保障基本药物和廉价短缺药品的生产供应；全面推广医院药物智能一体化服务模式，帮助医疗机构改善就医环境，提升百姓满意度；探索建立县乡镇一体化药品供应新模式，保障基层药品供应和农村用药安全，为政府信息化监管提供便利；持续面向基层开展医生培训和患者教育，为基层百姓疾病防治、合理用药做出自己的努力。

——《华润医药社会责任报告 2014》（P01）

核心指标　S1.6 确保就业及（或）带动就业的政策或措施

指标解读：促进经济发展与扩大就业相协调是社会和谐稳定的重要基础。根据《中华人民共和国就业促进法（2007）》，"国家鼓励各类企业在法律、法规规定的范围内，通过兴办产业或者拓展经营，增加就业岗位"、"国家鼓励企业增加就业岗位，扶持失业人员和残疾人就业"。

示例：

公司通过不断发展壮大，努力增加就业岗位，通过内部人才交流、与猎头公司合作引进高端人才、参与政府高端人才引进计划等多种人才引进形式带动就业。全年共提供就业岗位 1715 个，引进高等院校本科以上应届毕业生 81 人，在全国 11 所高校开展校园招聘活动。

——《华润双鹤社会责任报告 2014》（P54）

核心指标　S1.7 报告期内吸纳就业人数

指标解读：企业在报告期内吸纳的就业人数包括但不限于：应届毕业生、社会招聘人员、军转复原人员、农民工、劳务工等。

示例：

2014 年为社会提供了 2300 多个就业岗位。

——《华润三九社会责任报告 2014》（P16）

扩展指标　S1.8 医药企业向政府提供政策建议及被采纳的情况

指标解读：本指标指企业向政府提供有利于医药产业健康发展，有利于解决医患矛盾，有利于解决看病难、看病贵、用药贵的政策建议以及建议被采纳的情况。

（二）员工责任（S2）

员工责任主要包括员工基本权益保护、平等雇佣、职业健康与安全、职业发展和员工关爱五个方面的内容。

1. 基本权益保护

核心指标 S2.1 劳动合同签订率

指标解读：劳动合同签订率指报告期内企业员工中签订劳动合同的比率。

示例：

员工劳动合同签订率 100%。

——《华润双鹤社会责任报告 2014》(P31)

扩展指标 S2.2 集体协商与集体合同覆盖率

指标解读：集体协商是工会或个人组织与雇主就雇佣关系等问题进行协商的一种形式，其目的是希望劳资双方能够在一个较平等的情况下订立雇佣条件，以保障劳方应有的权益。

集体合同是指企业职工一方与用人单位就劳动报酬、工作时间、休息休假、劳动安全卫生、保险福利等事项，通过平等协商达成的书面协议。集体协商是签订集体合同的前提，签订集体合同必须要进行集体协商。

示例：

集团所属企业普遍建立了平等协商的集体合同制度，并按时进行续签。在京企业集体合同签约率达到 90% 以上。凡签订集体合同的单位都将职工工资增长与企业效益增长挂钩条款写入集体合同。

——《华润医药社会责任报告 2014》(P49)

核心指标 S2.3 民主管理

指标解读：根据《公司法》、《劳动法》、《劳动合同法》等规定，企业实行民主管理主要有以下三种形式：职工代表大会、厂务公开以及职工董事、职工监事等。此外，职工民主管理委员会、民主协商会、总经理信箱等也是民主管理的重要形式。

示例：

华润医药集团及所属在京企业工会组织健全，职工入会率达到 100%。

各企业基本都建立了厂务公开及职工代表大会制度，定期按规定召开职代会，企业的年度发展计划，重大改革措施，职工关心的重大问题均能经职代会讨论审议。职代会各项职权基本能够落实。同时，华润医药大力推进新加入企业工会组织的建设，使这些企业的民主管理工作有了很大提升。

——《华润医药社会责任报告 2014》（P50）

扩展指标 S2.4 参加工会的员工比例

指标解读： 根据《工会法》、《中国工会章程》等规定，所有符合条件的企业都应该依法成立工会，维护职工合法权益是工会的基本职责。

示例：

华润医药集团及所属在京企业工会组织健全，职工入会率达到 100%。

——《华润医药社会责任报告 2014》（P50）

扩展指标 S2.5 通过员工申诉机制申请、处理和解决的员工申诉数量

指标解读： 员工申诉是指员工在工作中认为受到不公正待遇或发现企业经营中不合规的行为等，通过正常的渠道反映其意见和建议。依据申诉对象的不同，员工申诉可分为企业内部申诉和企业外部申诉，即劳动仲裁。本指标所指的员工申诉主要指企业内部申诉。

示例：

畅通与员工的沟通交流渠道，建立高层与基层员工的沟通机制。通过邮箱、专线电话、员工座谈会、专门访谈、上门慰问等形式，及时了解员工在工作、生活上的诉求。

——《华润三九社会责任报告 2014》（P20）

核心指标 S2.6 反对强制和歧视性劳动

指标解读： 强制性劳动指用人单位以暴力、威胁或者非法限制人身自由的手段强迫劳动者劳动；歧视性劳动指用人单位仅仅因为员工分属不同的人群（如不同的种族、年龄层、性别等），而使其所得到的工资收入和晋升的机会不同。用

人单位应杜绝强制性和歧视性劳动。

核心指标   S2.7 禁止使用童工

指标解读： 为保护未成年人的身心健康，国务院令第 364 号公布了《禁止使用童工规定》，禁止用人单位招用不满 16 周岁的未成年人，也就是童工。

示例：

华润医药在劳动合同签订、养老保险、失业保险、医疗保险、工伤保险和生育保险以及住房公积金缴纳方面充分尊重和维护中国政府相关规定以及国际人权公约和劳工标准，无雇佣童工、强制劳动和歧视现象的发生。

——《华润医药社会责任报告 2014》(P49)

扩展指标   S2.8 雇员隐私管理

指标解读： 员工具有工作隐私权，赋予雇员隐私权是对雇员人格尊严的尊重。企业应建立覆盖招聘、考核等各人力资源管理环节的隐私管理。

扩展指标   S2.9 兼职工、临时工和劳务派遣工权益保护

指标解读： 劳务派遣工指与由劳动行政部门资质认定、经工商部门注册登记的劳务型公司签订劳动合同或劳务合同后向实际用工单位进行劳务输出，从事劳动服务的一种用工形式，劳动者与劳务型公司建立劳动关系或劳务关系，由劳务型公司按规定发放工资、缴纳社会保险费，劳动者与劳务输入的实际用人单位不发生劳动关系和劳务关系，只是从事劳动服务。兼职工、临时工和劳务派遣工的权益保护问题主要包括同工同酬、福利待遇、职业培训与发展等。

核心指标   S2.10 按运营地划分的员工最低工资和当地最低工资的比例

指标解读： 员工最低工资是指劳动者在法定工作时间提供了正常劳动的前提下，其所在用人单位必须按法定最低标准支付的劳动报酬，其中不包括加班工资、特殊工作环境的津贴、法律法规和国家规定的劳动者福利待遇等。

扩展指标   S2.11 员工薪酬与企业发展同步

指标解读： 企业在业绩增长、收入增加的同时要回馈员工，使员工的薪酬和企业的发展同步。企业应公开员工平均工资的年度变化以及与企业发展之间的关系。

示例：

华润医药为员工提供在当地有竞争力的薪酬和福利，让有能力有业绩的职工多拿薪酬，并让员工薪酬随着公司整体业绩的提升而联动提升，让员工享受公司发展带来的成果。

——《华润医药社会责任报告 2014》（P49）

核心指标 S2.12 社会保险覆盖率

指标解读：本指标最主要拮企业正式员工中"五险一金"的覆盖比例。

示例：

指标＼年度	2012	2013	2014
社会保险覆盖率（%）	100	100	100

——《华润三九社会责任报告 2014》（P45）

扩展指标 S2.13 超时工作报酬

指标解读：企业为超出法定工作时间而支付的报酬总额。其中，法定工作时间由政府规定。

示例：

每月准时发放工资，超时工作按规定发放加班工资或者调休。

——《华润医药社会责任报告 2014》（P49）

扩展指标 S2.14 每年人均带薪年休假天数

指标解读：带薪年休假是指劳动者连续工作 1 年以上，就可以享受一定时间的带薪年假。其中，职工累计工作已满 1 年不满 10 年的，年休假 5 天；已满 10 年不满 20 年的，年休假 10 天；已满 20 年的，年休假 15 天。具体操作可参考 2007 年 12 月 7 日国务院第 198 次常务会议通过的《职工带薪年休假条例》。

2. 平等雇佣

核心指标 S2.15 男女同工同酬

指标解读：《中华人民共和国劳动法》第四十六条规定：工资分配应当遵循按

劳分配原则，实行"同工同酬"。同工同酬是指用人单位对于技术和劳动熟练程度相同的劳动者在从事同种工作时，不分性别，只要提供相同的劳动量，就获得相同的劳动报酬。

示例：

华润三九严格遵守《劳动法》等国际相关法规，重视平等就业，保障劳动者享有平等的就业机会，实现男女同工同酬。

——《华润三九社会责任报告 2014》（P16）

核心指标　S2.16 按雇佣性质（正式、非正式）划分的福利体系

指标解读：福利是员工的间接报酬，包括但不限于为减轻职工生活负担和保证职工基本生活而建立的各种补贴、为职工生活提供方便而建立的集体福利设施、为活跃职工文化生活而建立的各种文化体育设施等。

扩展指标　S2.17 员工多元化政策

指标解读：现代企业的成员来自不同的国家、不同的区域，有不一样的信仰、性格和教育背景，员工多元化政策指企业不会因肤色、年龄、性别、信仰、体质、地区的差异而使员工遭遇不平等待遇。

核心指标　S2.18 女性管理者比例

指标解读：管理人员主要指具体从事经营管理的人员，包括各级经理人如规划计划、人力资源、市场营销、资本运营、财务审计、生产管理、法律事务、质量安全环保、行政管理等部门经理、主管等。

示例：

指标＼年度	2012	2013	2014
女性管理者比例（%）	30	27	27

——《华润三九社会责任报告 2014》（P45）

扩展指标　S2.19 少数民族或其他种族员工比例

指标解读：本指标主要指公司内部正式员工中少数民族或其他种族员工所占比例。

示例:

指标 \ 年度	2012	2013	2014
少数民族员工人数（人）	—	—	2240

——《国药集团企业社会责任报告 2013》（P89）

扩展指标 **S2.20 残疾人雇佣率或雇佣人数**

指标解读：根据《中华人民共和国就业促进法》规定，"国家保障残疾人的劳动权利，用人单位招用人员，不得歧视残疾人"。

示例:

指标 \ 年度	2012	2013	2014
残疾人雇佣人数（人）	54	61	68

——《华润双鹤社会责任报告 2014》（P67）

3. 职业健康与安全

核心指标 **S2.21 职业安全健康保护制度和措施**

指标解读：本指标指企业为保障员工的职业健康和安全而制定的相关制度和采取的措施。

示例:

华润双鹤高度关注员工健康，严格贯彻落实有关劳动保护方面的政策、法规和规定。通过定期为员二安排健康体检、为员工发放防暑降温用品等，保障员工健康。

——《华润双鹤社会责任报告 2014》（P37）

扩展指标 **S2.22 职业健康与安全委员会中员工的占比**

指标解读：职业健康与安全（管理）委员会是企业中对员工职业健康与安全进行管理的最高机构，员工担任委员会成员可以确保员工利益真正得到保证。

核心指标 **S2.23 职业安全健康培训**

指标解读：职业安全健康培训主要指企业针对员工开展的关于职业安全健康知识、预防等内容的培训。

示例：

国瑞药业于 2004 年通过了"职业健康安全管理体系"建设，按照体系要求制定了系统的安全管理制度与机制。以危险源的识别、评价作为基础，采取各项安全措施，加强员工安全培训，提高员工安全意识。国瑞药业严格执行三级安全培训，即公司级、车间级、班组级，特种作业人员由安监局组织培训，考核通过后持证上岗。

——《国药集团企业社会责任报告 2013》（P57）

核心指标 **S2.24 年度新增职业病和企业累计职业病**

指标解读：职业病是指企业、事业单位和个体经济组织等用人单位的劳动者在职业活动中，因接触粉尘、放射性物质和其他有毒、有害物质等因素而引起的疾病。企业应披露员工职业病相关数据。

示例：

指标　　　　　　　年度	2012	2013	2014
职业病发生次数（次）	0	0	0

——《华润医药社会责任报告 2014》（P85）

扩展指标 **S2.25 工伤预防制度和措施**

指标解读：工伤预防是指事先防范职业伤亡事故以及职业病的发生，减少事故及职业病的隐患，改善和创造有利于健康、安全的生产环境和工作条件，保护劳动者在生产、工作环境中的安全和健康。

扩展指标 **S2.26 员工心理健康制度/措施**

指标解读：员工心理健康是企业成功的必要因素，企业有责任营造和谐的氛围，帮助员工维持心理健康。

示例：

公司结合实际情况把员工心理助推计划纳入公司《员工关爱计划指导意见》并逐步推进，结合员工心理特点，在维护员工物质权益的同时，从精神层面关爱员工，为员工心理健康提供疏导，提高员工心理素质，促进员工身心健康。

——《华润双鹤社会责任报告2014》（P35）

核心指标 S2.27 体检及健康档案覆盖率

指标解读：本指标指企业正式员工中年度体检的覆盖率和职业健康档案的覆盖率。

扩展指标 S2.28 向兼职工、劳务工和临时工提供同等的健康和安全保护

指标解读：本指标是指企业应向兼职工、劳务工和临时工提供同等的健康和安全保护。

4. 职业发展

核心指标 S2.29 员工职业发展通道

指标解读：员工职业发展通道是指一个员工的职业发展计划，职业通道模式主要分三类：单通道模式、双通道模式、多通道模式。按职业性质又可分为管理类、技术类、研发类职业通道。

示例：

公司打破原有基于行政管理级别的单一发展通道，根据公司业务发展要求开辟基于技术及专业的职业发展通道，提高专业技术人员职业技能，留住人才，培养人才，挖掘人才，为员工提供成长阶梯。

——《华润三九社会责任报告2014》（P18）

核心指标 S2.30 员工培训体系

指标解读：员工培训体系是指在企业内部建立一个系统的、与企业的发展以及员工个人成长相配套的培训管理体系、培训课程体系、培训师资体系以及培训实施体系。

示例：

华润医药着力健全培训制度，梳理课程体系，将统一集训与在岗发展相结合，积极搭建培训与发展平台。2014 年在启动以线上学习为载体的广泛覆盖式培训的同时，华润医药特别侧重中基层员工的培养和发展。"未来之星训练营"东北一营帮助 300 余名应届生新员工顺利度过职场适应期。主推的执业药师辅导班等针对行业从业人员的培训也有效加速员工专业能力的提升。促使员工与企业实现共同发展。同时，为员工职业发展建立机制灵活的晋升体系，使在管理、技术、销售等方面各有所长的不同类型的员工，都能因才施用，找到合适的岗位和发展通道，并能在不同岗位、不同晋升通道之间灵活转换。

——《华润医药社会责任报告 2014》（P52）

核心指标 S2.31 员工培训绩效

指标解读： 本指标主要包括人均培训投入、人均培训时间等培训绩效数据。

示例：

年度 指标	2012	2013	2014
员工培训覆盖率（%）	95	95	94
员工培训投入（万元）	3700	1023	1187
人均培训时间（小时）	40	40	40

——《华润医药社会责任报告 2014》（P85）

扩展指标 S2.32 高素质医药人才培养

指标解读： 本指标指医药企业为促进整个行业的发展，投入资源与多方合作进行高素质医药人才培养，为行业发展提供动力。

示例：

华润医药与科研院所、大专院校开展多形式、多层次的技术合作，组建产学研协作平台，开展创新药品研制、促进技术进步、培养创新人才等，实现优势互补、合作共赢。

2014年3月31日，由中国医学科学院作为牵头单位，华润医药集团等8家单位参与组建的"新药创制先进技术与产业化协同创新中心"（以下简称"协同创新中心"）成立暨揭牌仪式在北京举行。

"协同创新中心"按照"国家急需、世界一流、制度先进、贡献突出"的要求，围绕新药创制的先进技术与产业化，积极整合企业与院校优势研发资源，有效聚焦创新要素，构建能够真正解决国家重大需求的创新发展新机制与新模式，在生物医药领域支持国家京津冀协同发展战略任务，将形成国家医药领域高水平的产学研为一体的联合基地。

——《华润医药社会责任报告2014》（P69）

5. 员工关爱

核心指标　**S2.33 困难员工帮扶投入**

指标解读：本指标主要指企业在帮扶困难员工方面的政策措施以及资金投入。

示例：

华润三九本部及所属企业均建立了《困难员工档案》，并根据员工的实际困难情况开展帮扶工作。2014年"两节"期间，走访、慰问、救助困难员工和困难党员33人，发放困难慰问金99000元。

——《华润三九社会责任报告2014》（P20）

扩展指标　**S2.34 为特殊人群（如孕妇、哺乳妇女等）提供特殊保护**

指标解读：本指标主要指企业为孕妇、哺乳妇女等特殊人群提供的保护设施、保护措施以及特殊福利待遇。

示例：

公司坚持维护女职工合法权益。在体检中为女职工增加必要的体检项目，为女职工购买"女职工特殊疾病保险"，凡签订集体合同的单位都将女职工专项合同在集体合同中设专章列出。

在工会的倡议下，华润医药总部、华润医药商业北京公司安定门办公区、北京公司物流配送中心为孕期、哺乳期女员工专门劈出房间，建立了

"妈咪屋"，配备了冰箱、纸巾、桌椅、舒服的沙发以及育婴手册和宣传画等，为这些有特殊需求的女员工提供温馨、私密的空间，方便她们短暂歇息、采乳或咨询女性卫生知识、育儿常识等。下一步，华润医药将陆续在基层企业推广"妈咪屋"。

——《华润医药社会责任报告 2014》（P51）

扩展指标　S2.35 尊重员工家庭责任和业余生活，确保工作生活平衡

指标解读：工作生活平衡又称工作家庭平衡，是指企业帮助员工认识和正确看待家庭与工作间的关系，调和工作和家庭的矛盾，缓解由于工作家庭关系失衡而给员工造成的压力。

示例：

为丰富员工业余生活，增强团队凝聚力及员工归属感，2014 年公司总部及所属各单位根据职工特点并结合实际情况，组织开展了形式多样的员工文体活动，先后组织迎新春游活动、三八职工系列活动、"爱岗敬业、诚实守信"道德讲堂、"爱相随"圣诞舞会等各种丰富的活动，使员工感受到公司的关爱，增加员工间的交流及感情。

——《华润双鹤社会责任报告 2014》（P39）

扩展指标　S2.36 员工满意度

指标解读：本指标主要描述企业开展员工满意度调查的过程以及员工满意度调查结果。

示例：

华润辽宁医药公司近年来通过丰富多彩的团队建设、文化建设、员工培养、员工关爱等活动，员工满意度和凝聚力大幅提升。经华润医药商业集团和怡安翰威特咨询公司开展的职工敬业度调查项目调查，华润辽宁医药最终职工满意度得分近 90 分，成为最佳雇主企业。

——《华润医药社会责任报告 2014》（P54）

扩展指标　S2.37 员工流失率

指标解读：员工年度流失率＝年度离职人员总数/(年初员工总数＋年度入职人员总数)×100%

> **示例：**
>
> 　2014 年，华润辽宁医药公司关键岗位职工流失率从 2% 下降到 0%；普通岗位职工离职率从最高时的 31% 下降到现在的 5%；职工主动离职率从 6% 下降到现在的 1.5%。
>
> ——《华润医药社会责任报告 2014》(P54)

（三）安全生产（S3）

安全生产责任包括安全生产管理、安全教育与培训以及安全生产绩效三个方面。

1. 安全生产管理

核心指标　S3.1 安全生产管理体系

指标解读：本指标主要描述企业在建立安全生产组织体系、制定和实施安全生产制度、采取有效防护措施等方面确保员工安全的制度和措施。

> **示例：**
>
> 　公司高度重视 EHS 管理体系对企业发展和社会责任的重要性，注重 EHS 管理体系的建设和完善，2014 年进一步规范了 EHS 管理体系架构，实现了管理框架、管理工具、实施项目的循环改进；部署年度 EHS 重点工作，包含有精益 EHS 管理、安全行为观察等内容，召开 EHS 首次大会，向所属各单位宣贯公司价值创造型 EHS 管理体系内容与要求，对 EHS 体系建设提出了具体要求，按照管理框架、管理工具、实施项目三个要素健全并优化 EHS 管理体系架构，推动 EHS 管理体系有效落地。

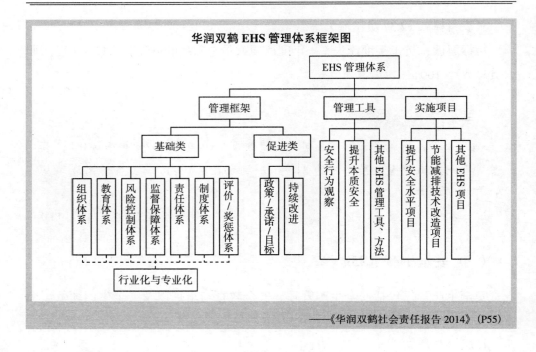

华润双鹤 EHS 管理体系框架图

——《华润双鹤社会责任报告 2014》（P55）

核心指标　S3.2 安全应急管理机制

指标解读：本指标主要描述企业在建立应急管理组织、规范应急处理流程、制定应急预案、开展应急演练等方面的制度和措施。

示例：

应急管理作为 EHS 管理体系中的重要组成部分，公司总部及所属各单位分别建立了应急救援的组织机构和高效的预警机制；所属各单位均编制了综合预案、专项应急预案和现场处置方案，并配备了必要的物资保障。

——《华润双鹤社会责任报告 2014》（P56）

核心指标　S3.3 保证工作场所安全

指标解读：本指标指确保员工在工作场所的安全和健康的相关政策和程序，包括符合政府制定标准的危险识别和危险控制，以及对员工持续的安全培训和安全教育。工作场所安全所涵盖的范围会有所不同，但电气安全、消防安全、跌落防护、急救常识、人机工学、电动工具和设备的安全使用、个人防护设备、基本化学品安全等是工作场所安全中常见的内容。

示例：

设备及环境：在采购设备时，充分考虑员工职业防护因素：采用密闭的生产、转移输送设备，确保粉尘不外泄；设备配置防尘系统，确保设备清洁时粉尘不飞散；采用合理压差控制方式，保证产尘房间的污染不影响到其他房间；通过双级 H13 高效过滤器过滤，使排放至环境中的污染物浓度远低于国际和国家标准；被污染的高效过滤器采用袋进袋出方式进行更换；废弃的高效过滤器统一收集并交环保公司处理。

——《华润医药社会责任报告 2014》（P53）

2. 安全教育与培训

核心指标 S3.4 安全教育与培训制度

指标解读： 安全培训是指以提高安全监管监察人员、生产经营单位从业人员和从事安全生产工作的相关人员的安全素质为目的的教育培训活动。

示例：

全面部署实施年度安全教育培训工作。针对新员工开展入职安全教育；组织特种作业、安全管理人员进行年度专业知识外训；参加上级单位组织的安全专项培训；组织安全管理人员开展交叉检查、现场交流等，提升安全管理人员的专业技能和水平。

——《华润三九社会责任报告 2014》（P37）

核心指标 S3.5 安全培训绩效

指标解读： 本指标主要包括安全培训覆盖面、培训次数等数据。

示例：

华润医药高度重视对安全生产的培训工作，全年累计开展安全培训共 63521 人次，着力提升华润医药安全管理队伍的专业化水平和管理能力。同时，华润医药总部和下属各单位都结合实际组织开展安全生产演练，切实提高员工的安全生产意识和技能。

——《华润医药社会责任报告 2014》（P74）

3. 安全生产绩效

核心指标 S3.6 化学危险品管理

指标解读： 根据目前已公布的危险化学品分类标准，化学危险品包括爆炸品、压缩气体和液化气体、易燃液体、易燃固体、自燃物品和遇湿易燃物品、氧化剂和有机过氧化物、毒害品、放射性物品和腐蚀品八大类。企业应加强对危险化学品的安全管理，保证安全生产，保障人们生命财产的安全，保护环境。

> **示例：**
>
> 医学诊断成员企业所有物料的名称、批号、有效期和检验状态等标识明确。易燃、易爆、有毒、有害、具有污染性或传染性、具有生物活性或来源于生物体的物料其存放符合国家相关规定，做到专区存放并有明显的识别标识。并由专门人员负责保管和发放，同时联网当地公安等机关保护危险品物料，设置专用密码监管危险品使用。
>
> ——《复星医药 2014 年企业社会责任报告》(P43)

核心指标 S3.7 放射性药品研发和管理

指标解读： 放射性药品是指用于临床诊断或者治疗的放射性核素制剂或者其标记药物。放射性新药的研制内容包括工艺路线、质量标准、临床前药理及临床研究。企业须严格遵守《中华人民共和国药品管理法》，对放射性药品的包装、运输和使用进行管理。

> **示例：**
>
> 济民肿瘤医院：对涉及射线场所严格按照国家规定进行环评，预控评，对所涉及射线工作环境的医务人员组织了 20 人次的职业健康体检并委托有资质的专业监测机构持续开展个人射线剂量检测，逐步建立《个人健康档案》；放射事件应急预案组织了演练，让所涉人员对此类事件有一定感性认识和较全面的理性认识。
>
> ——《复星医药 2014 年企业社会责任报告》(P73)

核心指标 **S3.8 药品运输中的安全制度**

指标解读：本指标指企业在药品运输过程中，要针对运送药品的包装条件及道路状况，选择合适的运输工具、防护设施，防止药品的破损和混淆。特殊管理药品和危险品的运输应按国家有关规定办理。

示例：

华润双鹤针对软袋输液产品在运输和使用过程中可能由于碰撞或挤压受力出现漏液、破损等情况，通过运用因果筛选、FMEA 等精益管理工具，对多个关键因子进行逐级筛选和改善，显著提升了重要环节的控制水平，软袋产品的漏液率大幅降低。截至目前，华润双鹤已开展的 7 个漏液项目，漏液率均控制在目标范围之内，输液质量投诉明显降低。

——《华润医药社会责任报告 2014》（P44）

扩展指标 **S3.9 年度重大泄漏事故**

指标解读：本指标指在报告年度内，企业发生的重大药品、化学品泄漏事故，企业应披露相关事件信息及事故起数。

核心指标 **S3.10 安全生产投入**

指标解读：本指标主要包括在劳动保护投入、安全措施投入、安全培训投入等方面的费用。

示例：

指标 ＼ 年度	2012	2013	2014
安全生产投入（万元）	623	545	233

——《华润双鹤社会责任报告 2014》（P67）

核心指标 **S3.11 员工伤亡人数**

指标解读：本指标主要包括员工工伤人数、员工死亡人数等数据。

示例：

指标 \ 年度	2012	2013	2014
员工伤亡人数（人）	0	2	0

——《华润医药社会责任报告 2014》（P85）

（四）社区责任（S4）

社区责任主要包括本地化运营、公益慈善以及志愿者活动三个方面。

1. 本地化运营

扩展指标　S4.1 评估企业进入或退出社区时对社区环境和社会的影响

指标解读：企业在新进入或退出社区时，除进行纯商业分析之外，还应该预先进行社区环境和社会影响评价与分析，积极采纳当地政府、企业和居民的合理建议。

扩展指标　S4.2 新建项目执行环境和社会影响评估的比率

指标解读：在我国，企业新建项目必须执行环境评估，但执行社会影响评估的比率较少。

示例：

国药集团重视新建项目的环境影响，对公司拟投资的项目严格进行环保评估，环保评估不达标的企业，不得对其进行投资并购；各级企业新建、改建、扩建和技术改造工程项目时，严格执行国家产业政策和节能环保标准，依照有关政策，开展环境影响评价、节能量和减排量的评估审查等工作；严格执行环境保护设施必须与主体工程同时设计、同时施工、同时投产使用的"三同时"规定；严格限制高耗能、高排放项目的立项和投资。

——《国药集团企业社会责任报告 2013》（P63）

扩展指标　S4.3 社区代表参与项目建设或开发的机制

指标解读：企业新建项目时需建立与社区代表的定期沟通交流等机制，让社区代表参与项目建设与开发。

示例：

复星医药严格按照上市公司法规，认真履行信息披露方面的责任；定期更新官方网站（中、英、繁）信息，加强与公众的沟通，规范公司信息披露；复星医药品牌与公众传播部，专设媒体传播管理岗位，负责媒体关系的管理与沟通，更好地为公众传播服务；复星医药设立和开通官方微信"复星医药"，帮助公众了解公司在"创新、国际化、社会责任方面的荣誉和信息"；复星医药召开多次媒体沟通会，包括上海证券交易所"我是股东"活动媒体交流会、本公司20周年庆典媒体沟通会、香港媒体沟通会等；复星医药重视企业危机管理，在总部建立覆盖全媒体的舆情监测系统，及时与公众沟通真实信息澄清事实。

——《复星医药2014年企业社会责任报告》(P27)

扩展指标　**S4.4 企业开发或支持运营所在社区中的具有社会效益的项目**

指标解读： 企业可通过支持社区成员创业、与社区成员共享企业的福利设施等形式，促进运营所在社区的经济社会发展。

示例：

"国家基本药物所需重要中药材种子种苗繁育基地"四川基地是全国五个基地之一，位于四川省雅安市草坝镇水津村，面积221亩，涉及中药材品种15个，总投入近2000万元。其中生产种植4个濒危名贵品种、7个大宗品种、53份资源；制定技术规程28个；收集制作标本100余份。项目由四川省中医药科学院、雅安三九和雅安市政府采用产学研用合作的方式进行，雅安三九负责基地建设、日常管理并配套基地建设的相关经费。

本项目不仅符合华润三九的战略定位和未来的发展方向，同时能充分发挥四川雅安丰富的药用植物资源的优势，辐射带动全市中药材产业的发展，带动雅安地方经济发展；而且可以充分与雅安旅游资源、药材资源相结合，具有科研、教育、旅游、文化等多重价值，将雅安打造成极具特色的集资源保护、健康旅游、保健、教学实习为一体的中药特色大市，推进雅安国际化区域生态城市建设；本项目将获得"国家基本药物所需重要中药材种子种苗繁育四川基地"的授牌，对提升雅安中医药在国内的地位具有重要作用；本项目的开展还可以就地解决农民务工的问题，劳务费按照 8000 元/亩/年，共计发生劳务费近 200 万元，按照每个农民每年收入 1.0 万元计算，可以就地解决 200 个左右的农民务工问题。

——《华润三九社会责任报告 2014》（P35）

核心指标 S4.5 员工本地化政策

指标解读：员工本地化指企业在运营过程中应优先雇用所在地劳动力。其中，员工本地化最重要的是管理层（尤其是高级管理层）本地化。

示例：

本集团广泛接纳各方人才，在主要运营地选聘当地人才，同时积极引进外部人才。

——《复星医药 2014 年社会责任报告》（P89）

扩展指标 S4.6 本地化雇佣比例

指标解读：本指标主要指本地员工占运营所在地机构员工的比例。

扩展指标 S4.7 按主要运营地划分，在高层管理者中本地人员的比率

指标解读：本指标主要指运营所在地机构中高层管理者的本地化比例。

扩展指标 S4.8 本地化采购比率

指标解读：本指标指企业在运营过程中应优先采购运营所在地供应商商品。

示例：

2013 年 1 月 11 日，中国医药集团（印度）有限公司在新德里举行开业仪式。中国医药集团（印度）有限公司的建立，将充分整合中国医药集团在印度的业务，既从印度采购医药制剂和医药原料，也向印度市场提供原料药、中间体、制剂、疫苗和医疗器械等系列产品，并提高服务质量和供应速度，与客户一起，为印度人民的健康做出贡献。

——《国药集团企业社会责任报告 2013》（P11）

2. 公益慈善

核心指标 S4.9 企业公益方针或主要公益领域

指标解读：本指标主要指企业的社会公益政策以及主要的公益投放领域。

示例：

公司始终坚持"关心大众，健康民生"的企业宗旨，注重自身在社会整体中的价值提升和责任体现，追求经济效益和社会效益的协调统一，把支持社会公益事业、传播健康新理念视为义不容辞的责任，通过捐款助困、义务献血等途径为社会和谐发展贡献力量。

——《华润双鹤社会责任报告2014》(P58)

扩展指标 S4.10 企业公益基金/基金会

指标解读：本指标主要描述企业成立的公益基金/基金会，以及公益基金/基金会的宗旨和运营领域。

示例：

2013年华润医药集团将所获华润集团最佳管理奖100万港元奖金作为启动金，发起设立了"华润医药爱心基金"，用于帮助因病或因灾遭遇家庭困难的员工。2014年，集团多个部室也将获得的部分奖励捐赠给爱心基金。

——《华润医药社会责任报告2014》(P53)

扩展指标 S4.11 药物应急保障

指标解读：本指标指为应对突发事件如大规模传染病、地震、水灾、飓风等自然灾害，以及核辐射、集体食物中毒等而进行的应急药品的储备供应等。

示例：

国药集团是国家医药储备最大的承储单位和应急供应执行单位，是国家医药储备体系重要的组成部分，承担着国家抢险救灾药品、生物技术产品、中药材、医疗器械的中央储备、调拨和供应任务。国药集团多年来本着"承担医药储备是国家赋予相关企业的一项光荣的社会责任"宗旨，严格按照国家有关部门的要求，不断加强对医药储备的管理，提升应急供应能力，在及时控制消除公共突发事件危害、保障公众身体健康和生命安全、维护社会稳定方面做出了不懈的努力。

国药集团作为中国医药行业的排头兵，在各类突发事件中，能够及时充分保障各类药品和医疗器械的紧急供应，在 1976 年唐山大地震、1998 年抗洪抢险、2003 年抗击非典的战斗中；在 2008 年汶川抗震救灾、2009 年防控甲型 H1N1 流感疫情、2010 年玉树和舟曲抗震救灾的现场；在 2008 年奥运会、2009 年国庆阅兵和 2010 年上海世博会等重大事件医药物资储备与应急供应，2010 年国家麻疹疫苗强化免疫活动，以及 2013 年芦山地震中，都能看到国药人紧张工作的身影，展现了国药集团作为共和国长子的责任感和使命感，集团用实际行动诠释了企业公民的责任。

——《国药集团企业社会责任报告 2013》(P80)

扩展指标　**S4.12 海外公益**

指标解读：本指标主要指企业在中国内地之外开展的公益活动和企业向中国内地以外地区的捐赠等。

示例：

为落实国家在 2007 年中非合作论坛北京峰会上宣布的为非洲援建 30 所（30 国）新建医院的援助举措，根据商务部指示，国药国际承担了其中 11 个国家的医疗装备供货任务。在 2013~2014 年度工作中，顺利完成了援刚果（布）综合医院、援喀麦隆杜阿拉妇儿医院、援科摩罗医院的医疗装备任务，为提高和改善受援国基本医疗条件做出了贡献。

中国援喀麦隆杜阿拉妇儿医院是中国对非援助 30 所医院项目当中规模最大的一所医院，规划床位 300 张，该项目受到两国政府的高度重视，在该项目验收阶段，国药国际配合商务部、驻外使领馆等 9 个各级主管单位组织的验收工作，并顺利通过对内验收及对外移交。喀卫生部秘书长兼雅温得妇儿医院首席行政官 ANGWAFO III FRU Fobuzshi 先生发来致谢函，对国药国际 10 余年来承担的派遣技术合作专家组完成的各项工作表示衷心感谢，并表示希望今后在医疗卫生领域展开更广泛的合作。

2014 年 3 月底，国药国际援科摩罗医院项目全部医疗设备运抵科摩罗穆查穆图港口。由于医院所在位置距离港口较远，需翻越海拔约 1200 米的高山，道路狭窄，路况极差，因此，装载货物的集装箱无法整体运输至医院现场，需在港口掏箱利用小货车逐批进行运输。为保证货物运输安全，国药国际派出工作小组亲赴现场组织掏箱、分装、押运等工作，克服了工作条件恶劣、生活环境艰苦等重重困难，顺利完成了全部医疗设备的转运工作。经过 3 个月的不懈努力，顺利完成了该项目医疗设备安装、调试、技术培训、对内验收及对外移交等工作任务，圆满完成了此次援外任务，得到了驻外使领馆及科方政府的好评。

——《国药集团社会责任报告 2013》（P85）

核心指标　S4.13 捐赠总额

指标解读： 本指标主要指企业年度资金捐助以及年度物资捐助总额。

示例：

指标 ＼ 年度	2012	2013	2014
公益捐赠总额（万元）	1676	2134	2244

——《华润医药社会责任报告 2014》（P84）

3. 志愿者活动

核心指标　S4.14 企业支持志愿者活动的政策、措施

指标解读： 志愿服务是指不以获得报酬为目的，自愿奉献时间、智力、体力、技能等，帮助他人、服务社会的公益行为。

示例：

国药集团倡导和谐的社会氛围，积极开展社区公益活动，鼓励员工积极参与志愿服务行动，在组织机构、工作机制、时间安排、资金支持、沟通联络等方面为开展公益活动提供保障和支持，为社会赠爱心，为社会送温暖，为社会和谐发展贡献力量。

——《国药集团企业社会责任报告 2013》（P83）

扩展指标 S4.15 为社区、重大事故等提供医疗援助

指标解读：本指标指当发生重大突发事故时，企业积极投身救援，提供医疗设备、药品等。

示例：

华润医药坚持在社会发展大潮中担当社会责任，为建设和谐社会做贡献。第一时间行动起来保障"昆山工厂爆炸案"伤员急救药品的供应，并为伤员捐赠价值 101 万元的急救药品，为鲁甸地震灾区捐赠价值 290 多万元的物资。

——《华润医药社会责任报告 2014》(P1)

核心指标 S4.16 员工志愿者活动绩效

指标解读：本指标主要指志愿者活动的时间、人次等数据。其中，志愿者服务时间是指志愿者实际提供志愿服务的时间，以小时为计量单位，不包括往返交通时间。

示例：

指标 ＼ 年度	2012	2013	2014
志愿者活动人次	954	1027	1244

——《华润医药社会责任报告 2014》(P84)

五、环境绩效（E 系列）

环境绩效主要描述企业在节能减排、保护环境方面的责任贡献，主要包括绿色经营、绿色生产和绿色生态三大板块。绿色经营主要描述企业的环境管理理念、制度、措施以及管理方针，是企业履行环境责任的制度保障；绿色生产是人类社会可持续发展的基础，其主要描述企业在节约资源能源方面的理念、制度、

措施和绩效；绿色生态主要描述企业在经营中的生态保护制度和措施，以及环保公益的内容。

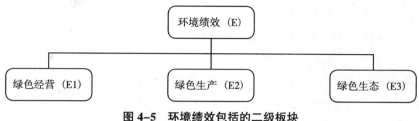

图4-5 环境绩效包括的二级板块

（一）绿色经营（E1）

绿色经营主要包括建立环境管理体系、环保培训、环境信息公开和绿色办公四个方面。

1. 建立环境管理体系

核心指标 E1.1 建立环境管理组织体系和制度体系

指标解读：企业应建立环境管理组织负责公司的环境管理工作，并制定相应计划、执行、检查、改进等环境管理制度。

示例：

华润医药集团积极贯彻、落实中央关于加快建设资源节约型、环境友好型社会的精神，在注重企业发展的同时，对环境保护、节能减排工作非常重视。按照《华润集团EHS管理"十二五"规划》，积极推进具有华润特色的价值创造型节能减排管理体系的建设，持续加强环保投入。

——《华润医药社会责任报告2014》(P79)

扩展指标 E1.2 环境预警及应急机制

指标解读：企业应建立环境预警机制，以识别、监测和评估潜在的事故或紧急情况，采取措施预防和减少可能的环境影响，针对各种环境事故制订并演练应急预案。

扩展指标 E1.3 参与或加入的环保组织或倡议

指标解读：本指标包括两方面的内容，企业加入的环保组织和企业参与的环保倡议。

核心指标 E1.4 企业环境影响评价

指标解读：根据《中华人民共和国环境影响评价法》，环境影响评价指对规划和建设项目实施后可能造成的环境影响进行分析、预测和评估，提出预防或者减轻不良环境影响的对策和措施并进行跟踪监测的方法与制度。

除国家规定需要保密的情形外，对环境可能造成重大影响、应当编制环境影响报告书的建设项目，建设单位应在报批建设项目环境影响报告书前，举行论证会、听证会，或者采取其他形式，征求有关单位、专家和公众的意见。

核心指标 E1.5 环保总投资

指标解读：本指标指年度投入环境保护的资金总额。

示例：

华润医药集团积极贯彻、落实中央关于加快建设资源节约型、环境友好型社会的精神，在注重企业发展的同时，对环境保护、节能减排工作非常重视。按照《华润集团 EHS 管理"十二五"规划》，积极推进具有华润特色的价值创造型节能减排管理体系的建设，持续加强环保投入，2014 年环保总投入达 7400 万元。

——《华润医药社会责任报告 2014》（P79）

---

2. 环保培训

核心指标 E1.6 环保培训与宣教

指标解读：本指标指企业对员工（或利益相关方）开展的关于环境保护方面的培训或宣传活动。

示例：

国药集团积极开展节能减排宣传教育培训，不断提高职工的节能减排低碳意识。以"携手节能低碳，共建碧水蓝天"为主题，组织开展节能宣传周和低碳日活动。开展节能减排专项培训工作，从环保法律法规和政策、分布式光伏技术应用、生物质固废环保处置技术、蓄冷技术应用等四个方面进行了详细解读，引导企业把握政策走向和技术前沿、促进合规经营和环保风险控制，同时在工作中更加注重"理论与实际相结合、课堂培训和现场调研相结合"，在开展课堂式培训的同时，组织相关企业到新技术应用企业实地考察，为集团所属企业攻克节能减排瓶颈提供有力的智力支持，同时也为节能减排管理人员提供了开阔眼界、增长见识、学习提高的良机。各子公司积极引导广大职工群众参与节能环保，利用电视、网络、报纸、广播、宣传栏等形式加强节能环保知识宣传教育，提高环保意识，使节能环保成为日常生活和工作中的良好习惯和自觉行动。

——《国药集团企业社会责任报告 2014》(P51)

核心指标　E1.7 环保培训绩效

指标解读：本指标包括环保培训人数、环保培训投入、环保培训时间等。

示例：

2014 年组织了 80 余人参加的节能减排专题培训会，主要涉及节能减排相关政策法规、制药行业节能减排技术等，为更好地完成年度节能减排目标以及完善节能减排管理体系提供了理论保障。

——《华润双鹤社会责任报告 2014》(P60)

3. 环境信息公开

扩展指标　E1.8 环境信息公开

指标解读：本指标指企业将其环境信息通过媒体、互联网等方式，或者通过公布企业年度环境报告的形式向社会公开。

企业应当按照自愿公开与强制性公开相结合的原则，及时、准确地公开企业环境信息。环境信息公开标准参照 2007 年原国家环保总局颁发的《环境信息公开办法（试行）》（总局令第 35 号）的管理规定执行。

根据相关规定，企业可自愿公开下列企业环境信息：

● 企业环境保护方针、年度环境保护目标及成效；

● 企业年度资源消耗总量；

● 企业环保投资和环境技术开发情况；

● 企业排放污染物种类、数量、浓度和去向；

● 企业环保设施的建设和运行情况；

● 企业在生产过程中产生的废物的处理、处置情况，废弃产品的回收、综合利用情况；

● 与环保部门签订的改善环境行为的自愿协议；

● 企业自愿公开的其他环境信息。

示例：

目前本集团成员企业的污染物排放主要为废水（主要含有 COD、氨氮、悬浮粒子等污染物），废水由各成员企业的污水处理站进行达标处理后，纳管排入后端二级污水处理厂或市政污水管网。废气（工艺废气含有少量有机溶媒挥发气体或挥发性酸雾，锅炉烟气含有少量硫氧化物、氮氧化物和烟尘）采用集中收集、活性炭吸收和液剂喷淋（或除尘）等处理后，达标尾气通过排气管在高空合规排放。本集团成员企业已建设的环保设施运行正常，能够满足各成员企业现行生产产能的需要，经处理后能够稳定地达标排放。固体废弃物主要为废活性炭、高沸残渣、废溶剂、内包装材料、过期的医药中间体或药品等，由各成员企业委托有废弃物处理资质（当地环保局批准）的单位进行处置，焚烧、填埋或再加工利用。

——《复星医药 2014 年企业社会责任报告》（P55）

扩展指标　E1.9 与社区沟通环境影响和风险的程序和频率

指标解读： 对于环境敏感型企业，应积极与社区沟通其环境影响和环境风险。

4. 绿色办公

核心指标　E1.10 绿色办公措施

指标解读： 绿色办公政策或措施，包括但不限于：

● 夏季空调温度不低于 26 度；

● 办公区采用节能灯具照明，且做到人走灯灭；

● 办公区生活用水回收再利用；

● 推广无纸化办公，且打印纸双面使用；

● 办公垃圾科学分类；

● 推行视频会议减少员工出行等。

示例：

节约用纸。集团总部由行政人员统一更换打印、复印用纸，用纸实行领用并登记，月底汇总核算。各文印室放置可再利用纸收集箱用于收集可再利用的纸张，并张贴温馨提示告诫大家节约用纸，打印非正式文件优先使用可再利用纸的纸张。2014 年仅集团总部回收可再利用纸张约 12000 多张，节约费用约 3000 多元。

视频会议。将集团例行中大型会改为视频会议，并通过完善相关管理制度把这一好的做法固化下来。全年共召开视频会议 622 次，参加会议方 4135 方，节省会议、差旅费支出 628 万元。

622 次
全年共召开视频会议 622 次

628 万元
参加会议方 4135 方，节省会议、差旅费支出 628 万元

绿色办公

环保硒鼓。硒鼓领用实行以旧换新原则，部门打印机优先使用环保硒鼓，对于废旧硒鼓采取统一回收处理防止环境污染。

节约用电。教育提醒员工人走灯灭。同时，行政管理部门建立巡视机制，安排人员在午休及下班时间巡视各楼层，关闭办公区照明灯、空调开关及打印设备电源。大部分办公区及人员通道都安装使用节能装置，全部使用节能灯具，2014 年同比用电量下降 20%。

——《华润医药社会责任报告 2014》（P82）

扩展指标 E1.11 绿色办公绩效

指标解读： 本指标包括办公用电量、用水量、用纸量以及垃圾处理量等方面的数据。

示例：

2014 年，公司将节约厉水作为精益绿带项目，对公司节水活动做了大量的调研工作，从宣传提高节水意识和征集节水意见两方面开展。项目共收

集用水浪费点意见 33 条、节水建议 60 条，2014 年总部用水 1.8 万吨，同比 2013 年下降 16%。

——《华润双鹤社会责任报告 2014》（P64）

扩展指标　E1.12 减少公务旅行节约的能源

指标解读：本指标指企业通过视频会议、电话会议等形式减少公务旅行，进而减少能源消耗。

示例：

将集团例行中大型会改为视频会议，并通过完善相关管理制度把这一好的做法固化下来。全年共召开视频会议 622 次，参加会议方 4135 方，节省会议、差旅费支出 628 万元。

——《华润医药社会责任报告 2014》（P82）

扩展指标　E1.13 绿色建筑和营业网点

指标解读：绿色建筑指在建筑的全寿命周期内，最大限度地节约资源（节能、节地、节水、节材）、保护环境和减少污染，为人们提供健康、适用和高效的使用空间，与自然和谐共生。绿色建筑的相关评价标准参考《绿色建筑评价标准》（GB/T 50378-2006）和《绿色建筑评价技术细则（试行）》（建科〔2007〕205号）等。

（二）绿色生产（E2）

绿色生产责任主要描述企业在节能减排、循环经济、节约水资源、应对气候变化、绿色制造五个方面的理念、制度、措施和绩效。

1. 节能减排

扩展指标　E2.1 能源管理体系

指标解读：本指标所称能源指能够直接取得或者通过加工、转换而取得有用能的各种资源，包括煤炭、原油、天然气、煤层气、水能、核能、风能、太阳能、地热能、生物质能等一次能源和电力、热力、成品油等二次能源，以及其他新能源和可再生能源。

·100·

能源管理指能源消费过程中涉及的计划、组织、控制和监督等一系列工作。企业应通过系统的能源管理,通过实施一套完整的标准、规范,在组织内建立起一个完整有效的、形成文件的能源管理体系。

关于能源管理体系的具体要求和内容可参考 GB/T23331–2013《能源管理体系要求》、RB/T114–2014《能源管理体系纯碱、焦化、橡塑制品、制药等化工企业认证要求》等国家标准。

核心指标 E2.2 全年能源消耗总量

指标解读: 本指标指报告期内企业生产和运营所直接消耗的各种能源折合标准煤数量。一般情况下,纳入统计核算的常规能源产品(实物量)分为五大类,即煤、油、气、电、其他燃料。

● 煤包括:原煤、洗精煤、其他洗煤、煤制品(型煤、水煤浆、煤粉)、焦炭、其他焦化产品、焦炉煤气、高炉煤气、其他煤气。

● 气包括:天然气、液化天然气。

● 油包括:原油、汽油、煤油、柴油、燃料油、液化石油气、炼厂干气、其他石油制品。

● 电包括:火电、水电及核电等其他一次电力。

● 其他燃料包括:煤矸石、生物质能、工业废料、城市固体垃圾、热力。

示例:

华润医药鼓励下属各级企业积极响应国家号召,通过加强能源管理、提高能源使用效率、推行清洁能源等措施,从源头上减少污染物排放。

首先,鼓励各级企业对燃煤锅炉进行改造,减少煤炭使用量,优化能源结构。其次,大力推进能源精益化管理,加强能耗分析,重点耗能设备排查,并逐步实施节能减排改造。华润紫竹通过淘汰老旧制冷机组和空调、运行精益化管理,年节电 50 万千瓦时。

同时,鼓励下属各企业积极开发利用太阳能等清洁能源,在面积较大库房中使用水源热泵技术,水源热泵通过与地下水进行换热,极大地减少了供冷和供暖时的能源消耗。

通过各项能源管理措施,华润医药 2014 年二氧化碳排放较 2013 年全年减少14000吨，二氧化硫和氮氧化物分别减排 80 吨和 18.7 吨。

——《华润医药社会责任报告 2014》(P79)

核心指标　E2.3 企业单位产值综合能耗

指标解读：本指标指报告期内企业综合能耗与报告期内净产值之比，通常以万元产值综合能耗/万元增加值综合能耗进行计量。

示例：

关键绩效指标	2012 年	2013 年	2014 年
万元工业产值能耗（吨标煤）	0.1145	0.1226	0.1095
万元增加值可比综合能耗（吨标煤）	0.1909	0.2093	0.1924
综合能源消费量（万吨）	16.55	16.71	17.72

——《华润医药社会责任报告 2014》(P85)

扩展指标　E2.4 企业使用新能源、可再生能源或清洁能源的政策、措施

指标解读：新能源指在新技术基础上开发利用的非常规能源，包括风能、太阳能、海洋能、地热能、生物质能、氢能、核聚变能、天然气水合物等；可再生能源指风能、太阳能、水能、生物质能、地热能、海洋能等连续、可再生的非化石能源；清洁能源指环境污染物和二氧化碳等温室气体零排放或者低排放的一次能源，主要包括天然气、核电、水电及其他新能源和可再生能源等。

示例：

华润医药鼓励下属各级企业积极响应国家号召，通过加强能源管理，提高能源使用效率，推行清洁能源等措施，从源头上减少污染物排放。

同时，鼓励下属各企业积极开发利用太阳能等清洁能源，在面积较大库房中使用水源热泵技术，水源热泵通过与地下水进行换热，极大地减少了供冷和供暖时的能源消耗。

——《华润医药社会责任报告 2014》(P79)

扩展指标 E2.5 新能源、可再生能源或清洁能源使用量

指标解读：本指标指企业在报告期内对新能源、可再生能源或清洁能源使用的数量。

根据《中华人民共和国清洁生产促进法》（2012 年颁布），清洁生产指不断采取改进设计、使用清洁的能源和原料、采用先进的工艺技术与设备、改善管理、综合利用等措施，从源头削减污染，提高资源利用效率，减少或者避免生产、服务和产品使用过程中污染物的产生和排放，以减轻或者消除对人类健康和环境的危害。

核心指标 E2.6 挥发性有机物的排放和管理

指标解读：按照世界卫生组织的定义，挥发性有机物是指沸点在 50℃~250℃的化合物，室温下饱和蒸汽压超过 133.32 千帕，在常温下以蒸汽形式存在于空气中的一类有机物。按其化学结构的不同，可以进一步分为八类：烷类、芳烃类、烯类、卤烃类、酯类、醛类、酮类和其他。挥发性有机物的主要成分有烃类、卤代烃、氧烃和氮烃，包括苯系物、有机氯化物、氟里昂系列、有机酮、胺、醇、醚、酯、酸和石油烃化合物等。

核心指标 E2.7 制药中产生的臭气的排放和管理

指标解读：本指标主要指报告期内企业对生产制造中产生臭气的管理。

核心指标 E2.8 废气排放量及减排量

指标解读：本指标指企业在报告期内生产经营产生的废气排放量及减排量。

核心指标 E2.9 工业污水的处理和排放制度

指标解读：本指标主要指报告期内企业对工业污水的处理措施和排放制度。

示例：

东阿阿胶股份有限公司投资 1500 万元，新建处理规模为 3500m³/d 的污水处理站，设计出水指标满足《城市污水再生利用景观环境用水水质》观赏性景观用水水景类所有指标，同时满足的《再生水水质标准》、《城市杂用水水质标准》、《山东省南水北调沿线水污染综合排放标准》的排放指标。

采用 BAF 曝气生物滤池工艺深度处理，使废水达到直排水体的标准，同时通过深度处理增设臭氧氧化工艺，既能杀菌消毒又能对水体起到脱色、除异味的作用，确保了厂内生产废水达标回用。

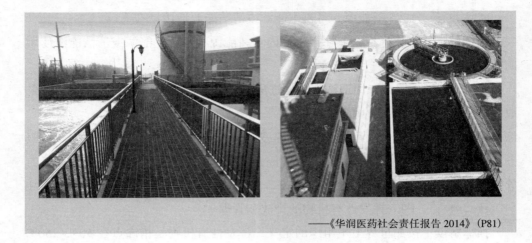

——《华润医药社会责任报告 2014》（P81）

核心指标　E2.10 废水排放量及减排量

指标解读： 本指标指报告期内企业废水的排放量及减排量。

核心指标　E2.11 减少废渣排放的制度、措施或技术

指标解读： 本指标指报告期内企业减少废渣排放的制度或措施。

核心指标　E2.12 废渣排放量及减排量

指标解读： 本指标指报告期内企业的废渣排放量及减排量。

2. 循环经济

核心指标　E2.13 发展循环经济政策/措施

指标解读： 根据《中华人民共和国循环经济促进法》（2008 年颁布），循环经济指在生产、流通和消费等过程中进行的减量化、再利用、资源化活动的总称。

● 减量化指在生产、流通和消费等过程中减少资源消耗和废物产生；

● 再利用指将废物直接作为产品或者经修复、翻新、再制造后继续作为产品使用，或者将废物的全部或者部分作为其他产品的部件予以使用；

● 资源化指将废物直接作为原料进行利用或者对废物进行再生利用。

示例：

重视资源再生，大力发展循环经济是提高资源、能源利用率的重要途径。为避免较高强度的资源消耗，公司快速发展的同时，致力于寻求"高增长、低消耗"的经济增长模式，大力启动资源再生与循环经济节能降耗项

目，各主要输液生产企业全面实施了灭菌水回收利用与反渗透浓水回收利用项目。

——《华润双鹤社会责任报告 2014》（P63）

[核心指标] E2.14 再生资源循环利用率

指标解读： 本指标指废旧金属、报废电子产品、报废机电设备及其零部件、废造纸原料（如废纸、废棉等）、废轻化工原料（如橡胶、塑料、农药包装物、动物杂骨、毛发等）、废玻璃等再生资源的循环利用程度。

再生资源循环利用率＝再生资源循环量/再生资源量×100%

3. 节约水资源

[核心指标] E2.15 建设节水型企业

指标解读： 根据工业和信息化部、水利部以及全国节约用水办公室《关于深入推进节水型企业建设工作的通知》（工信部联节〔2012〕431 号），节水型企业建设要完善企业节水管理，加强定额管理，完善用水计量，加强节水技术改造，推进工业废水回用，提高水资源重复利用率，提高职工节水意识。具体标准可参考该通知。

[核心指标] E2.16 年度新鲜水用水量/单位工业增加值新鲜水耗

指标解读： 工业用新鲜水量指报告期内企业厂区内用于生产和生活的新鲜水量（生活用水单独计量且生活污水不与工业废水混排的除外），它等于企业从城市自来水取用的水量和企业自备水用量之和。工业增加值指全部企业工业增加值，不限于规模以上企业工业增加值。

单位工业增加值新鲜水耗＝工业用新鲜水量/工业增加值

[核心指标] E2.17 水资源回收利用率

指标解读： 该指标指企业在报告期内对水资源循环使用的比例。

[核心指标] E2.18 中水循环使用量

指标解读： 中水是指各种排水经处理后，达到规定的水质标准，可在生活、市政、环境等范围内杂用的非饮用水。因为它的水质指标低于生活饮用水的水质标准，但又高于允许排放的污水的水质标准，处于二者之间，所以叫做"中水"。

4. 应对气候变化

[核心指标] E2.19 减少温室气体排放的计划

指标解读：温室气体指任何会吸收和释放红外线辐射并存在大气中的气体。《京都议定书》中控制的 6 种温室气体为二氧化碳（CO_2）、甲烷（CH_4）、氧化亚氮（N_2O）、氢氟碳化合物（HFCs）、全氟碳化合物（PFCs）、六氟化硫（SF_6）。

> **示例：**
>
> 应对气候变化是与生产相关环境议题中最高级别的环境目标。我们运用多种方法，保证高能效生产，以及动力来源的环境友好性，支持集团设定的减排目标：到 2015 年每辆汽车生产过程产生的二氧化碳比 2007 年降低 20%。2012 年，由于使用更多、更有效的节能技术，我们在增加了汽车产量的同时，成功降低了温室气体的排放量。
>
> ——《戴姆勒中国可持续发展报告 2012》（P50）

扩展指标　**E2.20 温室气体排放量及减排量**

指标解读：关于温室气体的核算，可参考 ISO14064 温室气体排放核算、验证标准，也可参考国家发展改革委 2013 年发布的《中国化工生产企业温室气体排放核算方法与报告指南（试行）》。

5. 绿色制造

核心指标　**E2.21 药品制造原料使用量**

指标解读：该指标指报告期内企业生产药品的原料使用量。

扩展指标　**E2.22 无毒害原料的替代使用率**

指标解读：该指标指报告期内企业使用无毒害原料替代有毒害原料的比率。

核心指标　**E2.23 包装减量化和包装物回收的政策和绩效**

指标解读：本指标指企业在进行产品包装时采取减量化包装、包装物循环使用等方式，减小产品包装物对环境的影响。

核心指标　**E2.24 确保药品包装安全无害**

指标解读：该指标指企业采用无毒害技术和材料进行产品包装，以减少对消费者和环境的影响。

（三）绿色生态（E3）

绿色生态责任主要描述企业在生物多样性、生态恢复与治理以及环保公益方面的内容。

1. 生物多样性

核心指标　E3.1 保护生物多样性

指标解读：根据《生物多样性公约》，"生物多样性"指所有来源的活的生物体中的多样性，这些来源包括陆地、海洋和其他水生生态系统及其所构成的生态综合体，包括物种内、物种之间和生态系统的多样性。

一般而言，在涉及生物多样性保护的项目中，组织可采取以下两种方式保护生物多样性：

● 就地保护：指为了保护生物多样性，把包含保护对象在内的一定面积的陆地或水体划分出来，进行保护和管理。就地保护的对象，主要包括有代表性的自然生态系统和珍稀濒危动植物的天然集中分布区等。就地保护是生物多样性保护中最为有效的一项措施。

● 迁地保护：指为了保护生物多样性，把因生存条件不复存在、物种数量极少或难以找到配偶等原因，生存和繁衍受到严重威胁的物种迁出原地，移入动物园、植物园、水族馆和濒危动物繁殖中心，进行特殊的保护和管理，是对就地保护的补充。迁地保护的最高目标是建立野生群落。

注重项目所在区域和地域的生物多样性的保护，所有办公及工厂厂区均不设置在自然保护区域内，不破坏原始植被，不使用珍稀动物完成动物实验。

示例：

注重项目所在区域和地域的生物多样性的保护，所有办公及工厂厂区均不设置在自然保护区域内，不破坏原始植被，不使用珍稀动物来完成动物实验。

——《复星医药 2014 年企业社会责任报告》（P56）

2. 生态恢复与治理

扩展指标　E3.2 生态恢复与治理

指标解读：生态恢复指对生态系统停止人为干扰，以减轻负荷压力，依靠生态系统的自我调节能力与自我组织能力使其向有序的方向进行演化，或者利用生态系统的这种自我恢复能力，辅以人工措施，使遭到破坏的生态系统逐步恢复或使生态系统向良性循环方向发展。生态恢复的目标是创造良好的条件，促进一个群落发展成为由当地物种组成的完整生态系统，或为当地的各种动物提供相应的栖息环境。

3. 环保公益

核心指标　　E3.3 环保公益活动

指标解读： 环保公益活动是指企业出人、出物或出钱赞助和支持某项环保公益事业的活动。

> **示例：**
>
> 公司积极组织所属各单位开展环保公益活动，引领社会绿色理念，倡导绿色低碳的生活、生产方式。利用节能宣传周活动开展"能源紧缺体验日"活动：公司及所属各单位、部门的公共场所（走廊）停开照明一天，降低能源消耗；开展了绿色出行活动，组织每位员工停开私家车一天，改由公共交通工具或自行车上下班，切实强化了员工环保低碳的意识。
>
> ——《华润双鹤社会责任报告 2014》（P62）

六、报告后记（A 系列）

报告后记部分主要包括未来计划、报告评价、参考索引、意见反馈四个方面。

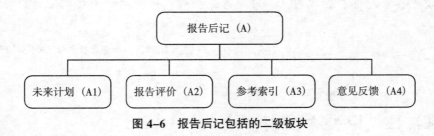

图 4-6　报告后记包括的二级板块

（一）未来计划（A1）

本部分主要描述企业对公司社会责任工作四个方面（责任管理、市场绩效、社会绩效和环境绩效）的规划与计划。

示例：

回顾以往，华润三九成立十年间，以高度的社会责任感，通过多种渠道、多种形式切实履行社会责任，取得了一定的成效，积累了一定的经验。但是，华润三九深刻认识到，我们在公益投入、环境保护等诸多领域仍有不足之处，有待进一步提高完善、实践创新。

在社会责任工作方面，我们做的不足之处及改进计划：

（1）对内责任意识不强，在供应链全链条各环节普及社会责任意识知识，增加社会责任行为考察；

（2）对消费者责任宣传不足，通过安全用药知识宣传讲座，提高消费者健康及医疗意识；

（3）加强有效内外沟通，在原有的投资者开放日基础上，增设消费者体验日，开放参观药品生产加工过程，增强公司透明度与社会公信力。

展望未来，公司将继续稳步推进投资者关系管理，提升透明度，增进投资者及社会公众对公司的了解和信任，实现华润三九投资价值的持续增长。

在产业链建设方面，加强生产平台的质量管控体系，提供安全有效的药品。继续保持研发创新投入，积极变革营销模式，提高品牌美誉度和市场占有率。

在职工权益保护方面，我们将在岗位梳理、绩效考核基础上，扩大激励范围和力度，规划员工职业生涯，逐步建立与战略业务相匹配的人力资源管理体系，实现公司与员工的共同成长。

在消费者权益保护方面，我们将继续以满足消费者需求为第一目标，依托 4008000999 客户服务热线为基础，大力完善客户服务体系，提高消费者满意度。我们将加大品牌管理力度，出台新的品牌授权管理制度，防止出现利用 999 品牌进行虚假宣传的现象。

在环境保护方面，我们将深入贯彻环保节约的理念，继续通过大力推进污水处理等方面的工艺革新、技术改进，促进清洁能源应用并有效减少污染排放，以取得资源利用与环境友好方面的明显进步。

在公益事业方面，我们将统筹慈善公益，严格捐赠事项管理，继续开展

"爱心天使"志愿者行动、援建华润希望小镇等慈善行动,通过华润慈善基金会平台,逐步扩大公益事业的参与范围与规模。

面向未来,华润三九将秉承"关爱大众健康、专注药品制造、打造信赖品牌"的使命,在总结经验、检讨不足的基础上,细化各项权益保护措施,提高社会责任履行能力,探索多样化贡献方式,将华润三九企业公民建设推向新的高度。我们愿意与社会各界合作,积极分享经验,努力带动更多群体与组织关注社会,回报社会。

——《华润三九社会责任报告 2014》(P44)

(二)报告评价(A2)

本部分主要描述企业社会责任报告的可信性。报告评价主要有四种形式:

● 专家点评:即由社会责任研究专家或行业专家对企业社会责任报告的科学性、可信性以及报告反映的企业社会责任工作信息进行点评;

● 利益相关方评价:即由企业的利益相关方(股东、客户、供应商、员工、合作伙伴等)对企业社会责任报告的科学性、可信性以及报告反映的企业社会责任工作信息进行评价;

● 报告评级:即由"中国企业社会责任报告评级专家委员会"从报告的完整性、实质性、平衡性、可比性、可读性和创新性等方面对报告作出评价,出具评级报告;

● 报告审验:即由专业机构对企业社会责任报告进行审验。

(三)参考索引(A3)

本部分主要描述企业对报告编写参考指南的应用情况,即对报告编写参考指南要求披露的各条信息进行披露的情况。

模板：

	指标编号	指标描述	披露位置	披露情况
报告前言	1.1	报告可靠性保证	封面	完全采用
	1.2	报告的组织范围	P1	完全采用
	……	……	……	……
责任管理	G1.1	企业理念、愿景和价值观	P…	完全采用
	G1.2	风险、机遇及可持续发展分析	P…	部分采用
	……	……	……	……
市场绩效	M1.1	投资者关系管理体系	P…	完全采用
	M1.2.1	成长性	P…	完全采用
	……	……	……	……
社会绩效	S1.1.1	对国家经济、社会和环境政策的实施情况	P…	完全采用
	S1.2.1	企业纳税总额	P…	完全采用
	……	……	……	……
环境绩效	E1.1	企业环境管理体系	P…	完全采用
	E1.2	对员工进行培训的制度、措施与绩效	P…	部分采用
	……	……	……	……

（四）意见反馈（A4）

本部分主要内容为读者意见调查表，以及读者意见反馈的渠道。

模板：

为了持续改进××公司社会责任工作及社会责任报告编写工作，我们特别希望倾听您的意见和建议。请您协助完成意见反馈表中提出的相关问题，并传真到+86-××-×××××××××。您也可以选择通过网络（http://www.×××.com）回答问题。

1. 报告整体评价（请在相应位置打"√"）

选　项	很好	较好	一般	较差	很差
本报告全面、准确地反映了××公司的社会责任工作现状					
本报告对利益相关方所关心的问题进行回应和披露					
本报告披露的信息数据清晰、准确、完整					
本报告的可读性，即报告的逻辑主线、内容设计、语言文字和版式设计					

2. 您认为本报告最让您满意的方面是什么?

3. 您认为还有哪些您需要了解的信息在本报告中没有反映?

4. 您对我们今后的社会责任工作及社会责任报告发布有何建议?

如果方便，请告诉我们关于您的信息:

姓　　名:

职　　业:

机　　构:

联系地址:

邮　　编:

E-mail:

电　　话:

传　　真:

我们的联系方式:

××公司××部门

中国××省（市）××区××路××号

邮政编码: ××××××

电话: +86-××-××××××××

传真: +86-××-××××××××

E-mail: ××@××.com

第五章　指标速查

一、行业特征指标表（38个）

指标名称	定性指标● 定量指标⊕	核心指标★ 扩展指标☆
市场绩效（M系列）（26个）		
药品质量管理体系	●	★
药品质量文化	●	☆
药品质量培训	●	☆
药品召回制度	●	☆
过期药品回收与处置	●	★
药品抽验合格率	⊕	★
药品安全培训	●	☆
药品不良事件应急机制	●	★
因药品质量问题造成的患者伤亡数量	⊕	☆
因药品或服务信息不当导致的意外事件	●	☆
药品风险管理计划	●	☆
药品上市后的重点监测	●	☆
确保药品信息真实全面的制度和承诺	●/⊕	★
确保药品标签合规	●	★
确保药品宣传合规真实	●	★
因药品储存、运输不当导致的意外事件	●	☆
在药品销售中杜绝商业贿赂的制度和措施	●	★
生物技术药物的研发	●	☆
仿制药的研发和制造	●	☆
药用辅料和包装材料新技术开发	●	☆

续表

指标名称	定性指标●	核心指标★
	定量指标⊕	扩展指标☆
新药品销售额	⊕	☆
遵守医药研发伦理	●	★
新药特药研发	●	☆
新研发药物临床使用成效	●	☆
对进口替代和迫使同类进口药价格降低的贡献	●	☆
医药分销物流体系建设	●	☆
社会绩效（S系列）（6个）		
高素质医药人才培养	●	☆
化学危险品管理	●	★
放射性药品研发和管理	●	★
药品运输中的安全制度	●	★
年度重大泄漏事故	●	☆
药物应急保障	●	☆
环境绩效（E系列）（6个）		
挥发性有机物的排放和管理	●	★
制药中产生的臭气的排放和管理	●	★
药品制造原料使用量	⊕	★
无毒害原料的替代使用率	⊕	☆
包装减量化和包装物回收的政策和绩效	●/⊕	★
确保药品包装安全无害	●	★

二、核心指标表（119个）

指标名称	定性指标●
	定量指标⊕
第一部分：报告前言（P系列）	
（P1）报告规范	
P1.1 报告信息说明	●
P1.2 报告边界	●
P1.3 报告体系	●
P1.4 联系方式	●
（P2）报告流程	

指标名称	定性指标● 定量指标⊕
P2.1 报告实质性议题选择程序	●
(P3) 领导致辞	
P3.1 企业履行社会责任的机遇和挑战	●
P3.2 企业年度社会责任工作成绩与不足的概括总结	●
(P4) 企业简介	
P4.1 企业名称、所有权性质及总部所在地	●
P4.2 企业主要品牌、产品及服务	●
P4.3 企业运营地域,包括运营企业、附属及合营机构	●
P4.4 按产业、顾客类型和地域划分的服务市场	●/⊕
P4.5 按雇佣合同(正式员工和非正式员工)和性别分别报告从业员工总数	⊕
(P5) 年度进展	
P5.1 年度社会责任重大工作	●/⊕
P5.2 年度责任绩效	⊕
P5.3 年度责任荣誉	●
第二部分:责任管理(G 系列)	
(G1) 责任战略	
G1.1 社会责任理念、愿景、价值观	●
G1.2 辨识企业的核心社会责任议题	●
(G2) 责任治理	
G2.1 建立社会责任组织体系	●
G2.2 企业内部社会责任的职责与分工	●
(G3) 责任绩效	
G3.1 企业在经济、社会或环境领域发生的重大事故,受到的影响和处罚以及企业的应对措施	●/⊕
(G4) 责任沟通	
G4.1 企业利益相关方名单	●
G4.2 利益相关方的关注点和企业的回应措施	●
G4.3 企业内部社会责任沟通机制	●
G4.4 企业外部社会责任沟通机制	●
G4.5 企业高层领导参与的社会责任沟通与交流活动	●/⊕
(G5) 责任能力	
G5.1 通过培训等手段培育负责任的企业文化	●/⊕
第三部分:市场绩效(M 系列)	
(M1) 客户责任	
1. 客户关系管理	
M1.1 客户关系管理体系	●
M1.2 客户满意度	●/⊕

指标名称	定性指标● 定量指标⊕
M1.3 客户投诉解决率	⊕
M1.4 客户信息保护	●
2. 药品质量	
M1.5 药品质量管理体系	●
M1.6 过期药品回收与处置	●
M1.7 药品抽验合格率	⊕
3. 用药安全	
M1.8 药品不良事件应急机制	●
4. 药品营销	
M1.9 确保药品信息真实全面的制度和承诺	●/⊕
M1.10 确保药品标签合规	●
M1.11 确保药品宣传合规真实	●
M1.12 在药品销售中杜绝商业贿赂的制度和措施	●
5. 药品研发与创新	
M1.13 研发和创新的制度与措施	●
M1.14 研发投入	⊕
M1.15 研发人员数量及比例	⊕
M1.16 遵守医药研发伦理	●
（M2）伙伴责任	
1. 促进行业发展	
M2.1 战略共享机制及平台	●
M2.2 诚信经营的理念与制度	●
M2.3 公平竞争的理念及制度	●
M2.4 经济合同履约率	⊕
2. 供应链责任	
M2.5 公司责任采购的制度和比率	●/⊕
M2.6 供应商通过质量、环境和职业健康安全管理体系认证的比率	⊕
（M3）股东责任	
财务绩效	
M3.1 成长性	⊕
M3.2 收益性	⊕
M3.3 安全性	⊕
第四部分：社会绩效（S系列）	
（S1）政府责任	
1. 守法合规	
S1.1 守法合规的理念和政策	●

续表

指标名称	定性指标● 定量指标⊕
S1.2 守法合规培训	●/⊕
2. 政策响应	
S1.3 纳税总额	⊕
S1.4 响应行业发展政策	●
S1.5 确保就业及（或）带动就业的政策或措施	●
S1.6 报告期内吸纳就业人数	⊕
（S2）员工责任	
1. 基本权益保护	
S2.1 劳动合同签订率	⊕
S2.2 民主管理	●
S2.3 反对强制和歧视性劳动	●
S2.4 禁止使用童工	●
S2.5 按运营地划分的员工最低工资和当地最低工资的比例	⊕
S2.6 社会保险覆盖率	⊕
2. 平等雇佣	
S2.7 男女同工同酬	●
S2.8 按雇佣性质（正式、非正式）划分的福利体系	●
S2.9 女性管理者比例	⊕
3. 职业健康与安全	
S2.10 职业安全健康保护制度和措施	●
S2.11 职业安全健康培训	●/⊕
S2.12 年度新增职业病和企业累计职业病	⊕
S2.13 体检及健康档案覆盖率	⊕
4. 职业发展	
S2.14 员工职业发展通道	●
S2.15 员工培训体系	●
S2.16 员工培训绩效	⊕
5. 员工关爱	
S2.17 困难员工帮扶投入	⊕
（S3）安全生产	
1. 安全生产管理	
S3.1 安全生产管理体系	●
S3.2 安全应急管理机制	●
S3.3 保证工作场所安全	●
2. 安全教育与培训	
S3.4 安全教育与培训制度	●/⊕

续表

指标名称	定性指标● 定量指标⊕
S3.5 安全培训绩效	⊕
3. 安全生产绩效	
S3.6 化学危险品管理	●
S3.7 放射性药品研发和管理	●
S3.8 药品运输中的安全制度	●
S3.9 安全生产投入	⊕
S3.10 员工伤亡人数	⊕
(S4) 社区责任	
1. 本地化运营	
S4.1 员工本地化政策	●
2. 公益慈善	
S4.2 企业公益方针或主要公益领域	●
S4.3 捐赠总额	⊕
3. 志愿者活动	
S4.4 企业支持志愿者活动的政策、措施	●
S4.5 员工志愿者活动绩效	⊕
第五部分：环境绩效（E 系列）	
(E1) 绿色经营	
1. 建立环境管理体系	
E1.1 建立环境管理组织体系和制度体系	●
E1.2 企业环境影响评价	●
E1.3 环保总投资	⊕
2. 环保培训	
E1.4 环保培训与宣教	●/⊕
E1.5 环保培训绩效	●/⊕
3. 绿色办公	
E1.6 绿色办公措施	●
(E2) 绿色生产	
1. 节能减排	
E2.1 全年能源消耗总量	⊕
E2.2 企业单位产值综合能耗	⊕
E2.3 挥发性有机物的排放和管理	●
E2.4 制药中产生的臭气的排放和管理	●
E2.5 废气排放量及减排量	⊕
E2.6 工业污水的处理和排放制度	●
E2.7 废水排放量级减排量	⊕

续表

指标名称	定性指标● 定量指标⊕
E2.8 减少废渣排放的制度、措施或技术	●
E2.9 废渣排放量及减排量	⊕
2. 循环经济	
E2.10 发展循环经济政策/措施	●
E2.11 再生资源循环利用率	⊕
3. 节约水资源	
E2.12 建设节水型企业	●
E2.13 年度新鲜水用水量/单位工业增加值新鲜水耗	⊕
E2.14 水资源回收利用率	⊕
E2.15 中水循环使用量	⊕
4. 应对气候变化	
E2.16 减少温室气体排放的计划	●
5. 绿色制造	
E2.17 药品制造原料使用量	⊕
E2.18 包装减量化和包装物回收的政策和绩效	●/⊕
E2.19 确保药品包装安全无害	●
(E3) 绿色生态	
E3.1 保护生物多样性	●
E3.2 环保公益活动	●/⊕
第六部分：报告后记（A 系列）	
(A1) 未来计划：公司对社会责任工作的规划	●/⊕
(A2) 报告评价：社会责任专家或行业专家、利益相关方或专业机构对报告的评价	●
(A3) 意见反馈：读者意见调查表及读者意见反馈渠道	●

三、通用指标表（215 个）

指标名称	定性指标● 定量指标⊕	核心指标★ 扩展指标☆
第一部分：报告前言（P 系列）		
(P1) 报告规范		
P1.1 报告质量保证程序	●	☆
P1.2 报告信息说明	●	★

指标名称	定性指标● 定量指标⊕	核心指标★ 扩展指标☆
P1.3 报告边界	●	★
P1.4 报告体系	●	★
P1.5 联系方式	●	★
(P2) 报告流程		
P2.1 报告编写流程	●	☆
P2.2 报告实质性议题选择程序	●	★
P2.3 利益相关方参与报告编写过程的程序和方式	●	☆
(P3) 领导致辞		
P3.1 企业履行社会责任的机遇和挑战	●	★
P3.2 企业年度社会责任工作成绩与不足的概括总结	●	★
(P4) 企业简介		
P4.1 企业名称、所有权性质及总部所在地	●	★
P4.2 企业主要品牌、产品及服务	●	★
P4.3 企业运营地域，包括运营企业、附属及合营机构	●	★
P4.4 按产业、顾客类型和地域划分的服务市场	●/⊕	★
P4.5 按雇佣合同（正式员工和非正式员工）和性别分别报告从业员工总数	⊕	★
P4.6 列举企业在协会、国家组织或国际组织中的会员资格或其他身份	●	☆
P4.7 报告期内关于组织规模、结构、所有权或供应链的重大变化	●	☆
(P5) 年度进展		
P5.1 年度社会责任重大工作	●/⊕	★
P5.2 年度责任绩效	⊕	★
P5.3 年度责任荣誉	●	★
第二部分：责任管理（G系列）		
(G1) 责任战略		
G1.1 社会责任理念、愿景、价值观	●	★
G1.2 企业签署的外部社会责任倡议	●	☆
G1.3 辨识企业的核心社会责任议题	●	★
G1.4 企业社会责任规划	●/⊕	☆
(G2) 责任治理		
G2.1 社会责任领导机构	●	☆
G2.2 利益相关方与企业最高治理机构之间沟通的渠道或程序	●	☆
G2.3 建立社会责任组织体系	●	★
G2.4 企业内部社会责任的职责与分工	●	★
G2.5 社会责任管理制度	●	☆
(G3) 责任融合		
G3.1 推进下属企业社会责任工作	●/⊕	☆

续表

指标名称	定性指标●	核心指标★
	定量指标⊕	扩展指标☆
G3.2 推动供应链合作伙伴履行社会责任	●/⊕	☆
（G4）责任绩效		
G4.1 构建企业社会责任指标体系	●	☆
G4.2 依据企业社会责任指标进行绩效评估	●/⊕	☆
G4.3 企业社会责任优秀评选	●	☆
G4.4 企业在经济、社会或环境领域发生的重大事故，受到的影响和处罚以及企业的应对措施	●/⊕	★
（G5）责任沟通		
G5.1 企业利益相关方名单	●	★
G5.2 识别及选择核心利益相关方的程序	●	☆
G5.3 利益相关方的关注点和企业的回应措施	●	★
G5.4 企业内部社会责任沟通机制	●	★
G5.5 企业外部社会责任沟通机制	●	★
G5.6 企业高层领导参与的社会责任沟通与交流活动	●/⊕	★
（G6）责任能力		
G6.1 开展 CSR 课题研究	●	☆
G6.2 参与社会责任研究和交流	●	☆
G6.3 参加国内外社会责任标准的制定	●	☆
G6.4 通过培训等手段培育负责任的企业文化	●/⊕	★
第三部分：市场绩效（M 系列）		
（M1）客户责任		
1. 客户关系管理		
M1.1 客户关系管理体系	●	★
M1.2 客户满意度	●/⊕	★
M1.3 客户申诉机制和处理流程	●	☆
M1.4 客户投诉解决率	⊕	★
M1.5 客户信息保护	●	★
2. 药品质量		
M1.6 药品质量管理体系	●	★
M1.7 药品质量文化	●	☆
M1.8 药品质量培训	●	☆
M1.9 药品召回制度	●	☆
M1.10 过期药品回收与处置	●	★
M1.11 药品抽验合格率	⊕	★
3. 用药安全		
M1.12 药品安全培训	●	☆
M1.13 药品不良事件应急机制	●	★

指标名称	定性指标●	核心指标★
	定量指标⊕	扩展指标☆
M1.14 因药品质量问题造成的患者伤亡数量	⊕	☆
M1.15 因药品或服务信息不当导致的意外事件	●	☆
M1.16 药品风险管理计划	●	☆
M1.17 药品上市后的重点监测	●	☆
4. 药品营销		
M1.18 确保药品信息真实全面的制度和承诺	●/⊕	★
M1.19 确保药品标签合规	●	★
M1.20 确保药品宣传合规真实	●	★
M1.21 因药品储存、运输不当导致的意外事件	●	☆
M1.22 在药品销售中杜绝商业贿赂的制度和措施	●	★
5. 药品研发与创新		
M1.23 研发和创新的制度与措施	●	★
M1.24 生物技术药物的研发	●	☆
M1.25 仿制药的研发和制造	●	☆
M1.26 药用辅料和包装材料新技术开发	●	☆
M1.27 研发投入	⊕	★
M1.28 研发人员数量及比例	⊕	★
M1.29 新增专利数	⊕	☆
M1.30 新药品销售额	⊕	☆
M1.31 重大创新成果	●	☆
M1.32 遵守医药研发伦理	●	★
M1.33 新药特药研发	●	☆
M1.34 新研发药物临床使用成效	●	☆
M1.35 对进口替代和迫使同类进口药价格降低的贡献	●	☆
(M2) 伙伴责任		
1. 促进行业发展		
M2.1 战略共享机制及平台	●	★
M2.2 诚信经营的理念与制度	●	★
M2.3 公平竞争的理念及制度	●	★
M2.4 经济合同履约率	⊕	★
M2.5 医药分销物流体系建设	●	☆
2. 供应链责任		
M2.6 识别并描述企业的供应链及责任影响	●	☆
M2.7 企业在促进供应链履行社会责任方面的倡议和政策	●	☆
M2.8 企业对供应链成员进行的社会责任教育、培训	●/⊕	☆
M2.9 公司责任采购的制度和比率	●/⊕	★

续表

指标名称	定性指标●	核心指标★
	定量指标⊕	扩展指标☆
M2.10 供应商社会责任评估和调查的程序和频率	●/⊕	☆
M2.11 供应商通过质量、环境和职业健康安全管理体系认证的比率	⊕	★
M2.12 供应商受到经济、环境和社会方面处罚的个数	⊕	☆
M2.13 第三方物流体系评估和监督	●	☆
(M3) 股东责任		
1. 股东权益保护		
M3.1 股东参与企业治理的政策和机制	●	☆
M3.2 保护中小投资者利益	●	☆
M3.3 规范信息披露	●/⊕	☆
2. 财务绩效		
M3.4 成长性	⊕	★
M3.5 收益性	⊕	★
M3.6 安全性	⊕	★
第四部分：社会绩效（S系列）		
(S1) 政府责任		
1. 守法合规		
S1.1 守法合规的理念和政策	●	★
S1.2 守法合规培训	●/⊕	★
S1.3 守法合规审核绩效	⊕	☆
2. 政策响应		
S1.4 纳税总额	⊕	★
S1.5 响应行业发展政策	●	★
S1.6 确保就业及（或）带动就业的政策或措施	●	★
S1.7 报告期内吸纳就业人数	⊕	★
S1.8 医药企业向政府提供政策建议及被采纳的情况	●/⊕	☆
(S2) 员工责任		
1. 基本权益保护		
S2.1 劳动合同签订率	⊕	★
S2.2 集体协商与集体合同覆盖率	●/⊕	☆
S2.3 民主管理	●	★
S2.4 参加工会的员工比例	⊕	☆
S2.5 通过员工申诉机制申请、处理和解决的员工申诉数量	●/⊕	☆
S2.6 反对强制和歧视性劳动	●	★
S2.7 禁止使用童工	●	★
S2.8 雇员隐私管理	●	☆
S2.9 兼职工、临时工和劳务派遣工权益保护	●	☆

指标名称	定性指标●	核心指标★
	定量指标⊕	扩展指标☆
S2.10 按运营地划分的员工最低工资和当地最低工资的比例	⊕	★
S2.11 员工薪酬与企业发展同步	●	☆
S2.12 社会保险覆盖率	⊕	★
S2.13 超时工作报酬	⊕	☆
S2.14 每年人均带薪年休假天数	⊕	☆
2. 平等雇佣		
S2.15 男女同工同酬	●	★
S2.16 按雇佣性质（正式、非正式）划分的福利体系	●	★
S2.17 员工多元化政策	●	☆
S2.18 女性管理者比例	⊕	★
S2.19 少数民族或其他种族员工比例	⊕	☆
S2.20 残疾人雇佣率或雇佣人数	⊕	☆
3. 职业健康与安全		
S2.21 职业安全健康保护制度和措施	●	★
S2.22 职业健康与安全委员会中员工的占比	⊕	☆
S2.23 职业安全健康培训	●/⊕	★
S2.24 年度新增职业病和企业累计职业病	⊕	★
S2.25 工伤预防制度和措施	●	☆
S2.26 员工心理健康制度/措施	●	☆
S2.27 体检及健康档案覆盖率	⊕	★
S2.28 向兼职工、劳务工和临时工提供同等的健康和安全保护	●	☆
4. 职业发展		
S2.29 员工职业发展通道	●	★
S2.30 员工培训体系	●	★
S2.31 员工培训绩效	⊕	★
S2.32 高素质医药人才培养	●	☆
5. 员工关爱		
S2.33 困难员工帮扶投入	⊕	★
S2.34 为特殊人群（如孕妇、哺乳妇女等）提供特殊保护	●	☆
S2.35 尊重员工家庭责任和业余生活，确保工作生活平衡	●	☆
S2.36 员工满意度	⊕	☆
S2.37 员工流失率	⊕	☆
(S3) 安全生产		
1. 安全生产管理		
S3.1 安全生产管理体系	●	★
S3.2 安全应急管理机制	●	★

续表

指标名称	定性指标●	核心指标★
	定量指标⊕	扩展指标☆
S3.3 保证工作场所安全	●	★
2. 安全教育与培训		
S3.4 安全教育与培训制度	●/⊕	★
S3.5 安全培训绩效	⊕	★
3. 安全生产绩效		
S3.6 化学危险品管理	●	★
S3.7 放射性药品研发和管理	●	★
S3.8 药品运输中的安全制度	●	★
S3.9 年度重大泄漏事故	●	☆
S3.10 安全生产投入	⊕	★
S3.11 员工伤亡人数	⊕	★
(S4) 社区责任		
1. 本地化运营		
S4.1 评估企业进入或退出社区时对社区环境和社会的影响	●	☆
S4.2 新建项目执行环境和社会影响评估的比率	⊕	☆
S4.3 社区代表参与项目建设或开发的机制	●	☆
S4.4 企业开发或支持运营所在社区中的具有社会效益的项目	●	☆
S4.5 员工本地化政策	●	★
S4.6 本地化雇佣比例	⊕	☆
S4.7 按主要运营地划分，在高层管理者中本地人员的比率	⊕	☆
S4.8 本地采购比率	⊕	☆
2. 公益慈善		
S4.9 企业公益方针或主要公益领域	●	★
S4.10 企业公益基金/基金会	●	☆
S4.11 药物应急保障	●	☆
S4.12 海外公益	●/⊕	☆
S4.13 捐赠总额	⊕	★
3. 志愿者活动		
S4.14 企业支持志愿者活动的政策、措施	●	★
S4.15 为社区、重大事故等提供医疗援助	●	☆
S4.16 员工志愿者活动绩效	⊕	★
第五部分：环境绩效（E 系列）		
(E1) 绿色经营		
1. 建立环境管理体系		
E1.1 建立环境管理组织体系和制度体系	●	★
E1.2 环境预警及应急机制	●	☆

续表

指标名称	定性指标●	核心指标★
	定量指标⊕	扩展指标☆
E1.3 参与或加入的环保组织或倡议	●	☆
E1.4 企业环境影响评价	●	★
E1.5 环保总投资	⊕	★
2. 环保培训		
E1.6 环保培训与宣教	●/⊕	★
E1.7 环保培训绩效	●/⊕	★
3. 环境信息公开		
E1.8 环境信息公开	●	☆
E1.9 与社区沟通环境影响和风险的程度和频率	●/⊕	☆
4. 绿色办公		
E1.10 绿色办公措施	●	★
E1.11 绿色办公绩效	⊕	☆
E1.12 减少公务旅行节约的能源	●/⊕	☆
E1.13 绿色建筑和营业网点	●/⊕	☆
(E2) 绿色生产		
1. 节能减排		
E2.1 能源管理体系	●	☆
E2.2 全年能源消耗总量	⊕	★
E2.3 企业单位产值综合能耗	⊕	★
E2.4 企业使用新能源、可再生能源或清洁能源的政策、措施	●	☆
E2.5 新能源、可再生能源或清洁能源使用量	⊕	☆
E2.6 挥发性有机物的排放和管理	●	★
E2.7 制药中产生的臭气的排放和管理	●	★
E2.8 废气排放量及减排量	⊕	★
E2.9 工业污水的处理和排放制度	●	★
E2.10 废水排放量及减排量	⊕	★
E2.11 减少废渣排放的制度、措施或技术	●	★
E2.12 废渣排放量及减排量	⊕	★
2. 循环经济		
E2.13 发展循环经济政策/措施	●	★
E2.14 再生资源循环利用率	⊕	★
3. 节约水资源		
E2.15 建设节水型企业	●	★
E2.16 年度新鲜水用水量/单位工业增加值新鲜水耗	⊕	★
E2.17 水资源回收利用率	⊕	★
E2.18 中水循环使用量	⊕	★

续表

指标名称	定性指标●	核心指标★
	定量指标⊕	扩展指标☆
4. 应对气候变化		
E2.19 减少温室气体排放的计划	●	★
E2.20 温室气体排放量及减排量	⊕	☆
5. 绿色制造		
E2.21 药品制造原料使用量	⊕	★
E2.22 无毒害原料的替代使用率	⊕	☆
E2.23 包装减量化和包装物回收的政策和绩效	●/⊕	★
E2.24 确保药品包装安全无害	●	★
(E3) 绿色生态		
1. 生物多样性		
E3.1 保护生物多样性	●	★
2. 生态恢复与治理		
E3.2 生态恢复与治理	●/⊕	☆
3. 环保公益		
E3.3 环保公益活动	●/⊕	★
第六部分：报告后记（A 系列）		
(A1) 未来计划：公司对社会责任工作的规划	●/⊕	★
(A2) 报告评价：社会责任专家或行业专家、利益相关方或专业机构对报告的评价	●	★
(A3) 参考索引：对本指南要求披露指标的采用情况	●	☆
(A4) 意见反馈：读者意见调查表及读者意见反馈渠道	●	★

管理篇

第六章　报告全生命周期管理

社会责任报告全生命周期管理是指企业在社会责任报告编写和使用的全过程中对报告进行全方位的价值管理，充分发挥报告在利益相关方沟通、公司社会责任绩效监控方面的作用，将报告作为提升公司社会责任管理水平的有效工具。社会责任报告全生命周期管理涉及组织、参与、界定、启动、撰写、发布和反馈七个过程要素，如图 6-1 所示。

（1）组织：建立社会责任报告编写的组织体系并监控报告编写过程；

（2）参与：利益相关方参与报告编写全过程；

（3）界定：确定报告的边界和实质性议题；

（4）启动：召开社会责任报告编写培训会暨启动会；

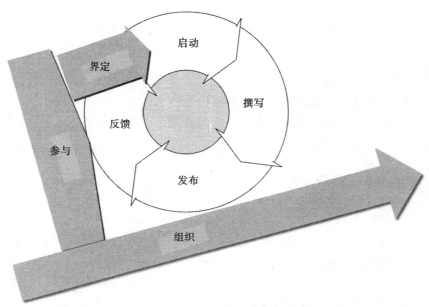

图 6-1　企业社会责任报告全生命周期管理模型

（5）撰写：搜集素材并撰写报告内容；

（6）发布：确定发布形式和报告使用方式；

（7）反馈：总结报告编写过程，向利益相关方进行反馈，并向企业内部各部门进行反馈。

其中，组织和参与是社会责任报告编写的保证，贯穿报告编写的全部流程。界定、启动、撰写、发布和反馈构成一个闭环的流程体系，通过持续改进报告编制流程，从而提升报告质量和公司社会责任管理水平。

一、组　织

（一）建立工作组的原则

建立科学有效的社会责任报告工作组是报告编写的保障。建立工作组遵循以下原则：

（1）关键领导参与。关键领导参与可以将社会责任报告与公司发展战略进行更好的融合，同时保障社会责任报告编写计划能够顺利执行。

（2）外部专家参与。外部专家参与可以提供独立的视角，保障报告的科学性和规范性，能够将外部专业性和内部专业性进行有效的结合。

（3）核心工作团队稳定。稳定的工作团队有助于工作的连续性。

（4）核心工作团队紧密联系。核心工作团队可通过定期会议等形式保持紧密联系。

（二）工作组成员组成

社会责任报告工作组成员分为核心团队和协作团队两个层次。其中，核心团队的主要工作是制订报告编写计划、进行报告编写；协作团队的主要工作是为核心团队提供报告编写素材和建议。工作组具体成员构成如图 6-2 所示。

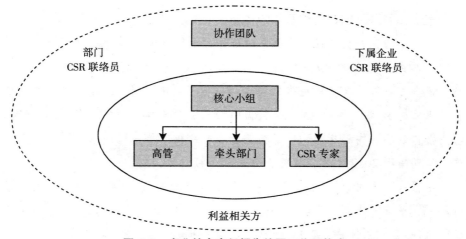

图6-2 企业社会责任报告编写工作组构成

（三）工作组成员分工与职责

社会责任报告工作组成员构成既包括外部专家也包括内部职能部门，既包括高层领导也包括下属企业。在报告编写的前期、中期和后期，各成员分工和职责如图6-3所示。

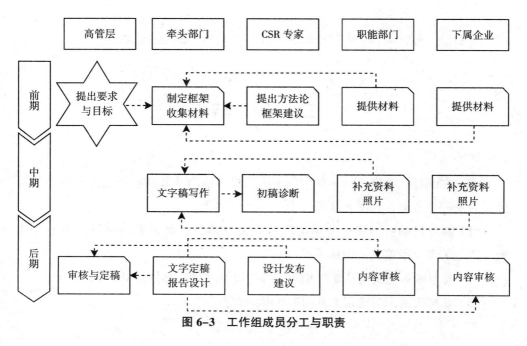

图6-3 工作组成员分工与职责

案例：华润集团报告编写组织体系

华润集团在社会责任报告编写过程中建立了由集团董事办牵头组织、其他部室和战略业务单元/一级利润中心共同参与的社会责任报告组织体系。集团董事办负责社会责任报告的报送、公告、宣传及推广工作，并组织集团有关部室、战略业务单元/一级利润中心成立报告编制小组，编制版位表，组织报告起草、内容指导、统筹协调、综合统稿、总结评价等工作。

华润集团 2012 年社会责任报告起草小组成员构成为：

主报告：朱虹波、徐莲子、宋贵斌、周文涛、虞柏林、莫炳金、张娜、何叙之、杨坤（集团董事会办公室），章曦（战略管理部），刘辉（人力资源部），何书泉（法律事务部），王学艺（财务部）。

分报告：熊浪（华润五丰），孟兰君（华润饮料），张建春（华润医药），汪红、李宗弦（华润银行），吴志鹏（华润纺织），池丽春（华润物业）。

独立报告：姜艳、马少君（华润万家），姜宇（华润雪花啤酒），杜剑梅（华润电力）。

主报告有关章节责编：朱虹波、徐莲子、宋贵斌、周文涛、虞柏林。

分报告责编：熊浪、孟兰君、张建春、汪红、吴志鹏、池丽春。

策划、组织与统稿：朱虹波。

主编：朱金坤（华润集团副总经理、华润慈善基金会理事长）。

二、参　与

企业在编写社会责任报告的过程中应积极邀请内外部利益相关方参与。参与过程涉及三个方面，如图 6-4 所示。

（1）参与目的：明确企业邀请利益相关方参与时要实现的价值，如了解期望、建立关系、借鉴其知识体系等；

（2）参与者：明确邀请哪类相关方参与以及邀请的具体人员；

（3）参与范围：明确相关方的参与时间和程度。

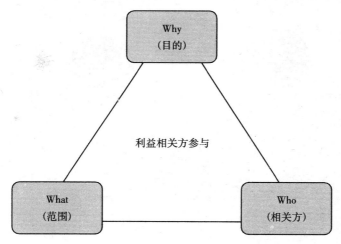

图6-4 利益相关方参与报告编写的三要素

（一）利益相关方参与报告编写的价值

在报告编写过程中积极邀请外部利益相关方参与具有以下作用：

（1）通过参与了解利益相关方的期望，在社会责任报告中作出针对性回应。

（2）通过参与建立一种透明的关系，进而建立双方的信任基础。

（3）汇集利益相关方的资源优势（知识、人力和技术），解决企业在编写社会责任报告过程中遇到的问题。

（4）通过参与过程学习利益相关方的知识和技能，进而提升企业的组织和技能。

（5）通过在报告编写过程中坦诚、透明的沟通，影响利益相关方的观点和决策。

（二）识别利益相关方

利益相关方是指受企业经营影响或可以影响企业经营的组织或个人。企业的利益相关方通常包括政府、顾客、投资者、供应商、雇员、社区、NGO、竞争者、工会、媒体、学者、行业协会等，如图6-5所示。

由于企业利益相关方较多，企业在选择参与对象时需按照利益相关方对企业的影响力以及利益相关方对企业的关注程度进行关键利益相关方识别，如图6-6所示。

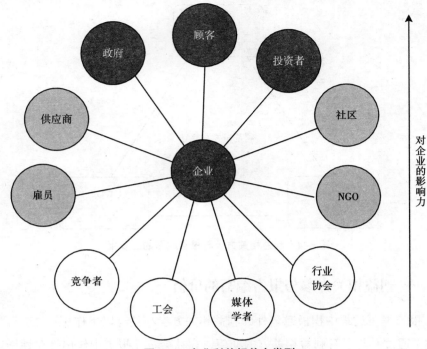

图 6-5　企业利益相关方类型

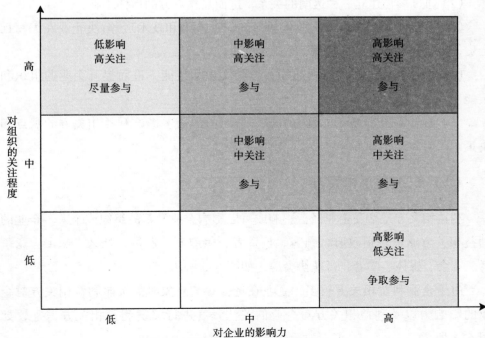

图 6-6　利益相关方筛选原则

（1）对企业具有"高影响高关注"、"中影响高关注"、"高影响中关注"和"中影响中关注"的利益相关方，企业在编写社会责任报告过程中应积极邀请其参与。

（2）对企业具有"高影响低关注"的利益相关方，企业在编写社会责任报告过程中应争取请其参与。

（3）对企业具有"低影响高关注"的利益相关方，企业在编写社会责任报告过程中应尽量请其参与。

（4）对其他利益相关方，企业在社会责任报告编写完成后应履行告知义务。

（三）确定参与形式

在确定利益相关方参与人员后，应确定不同利益相关方的参与形式。按照参与程度划分，利益相关方参与社会责任报告编写主要有三种形式，即告知、咨询与合作，如表6-1所示。

表6-1　利益相关方参与的形式和价值

	性质	形式	价值
告知	被动	①邮件 ②通信 ③简报 ④发布会	将报告编写过程和结果第一时间告诉利益相关方，与相关方建立透明的关系
咨询	积极	①问卷调查 ②意见征求会 ③专题小组 ④研讨会 ⑤论坛	针对性回应利益相关方的期望，倾听相关方意见，与相关方建立信任关系
合作	积极	①联合成立工作组 ②组成虚拟工作组	与利益相关方紧密合作，与相关方建立伙伴关系

案例：中国移动倾听利益相关方意见

中国移动高度重视利益相关方参与和沟通，将利益相关方关注的议题和期望作为社会责任报告的重点内容。中国移动在利益相关方参与和沟通方面的主要做法和经验有：

（1）2010年，中国移动制定《中国移动通信集团利益相关方沟通手册》，对利益相关方沟通的方式、流程和工具进行了规定，确保利益相关方参与和沟通有章可循；

（2）在报告编制前召开利益相关方座谈会，倾听利益相关方对社会责任报告的意见和建议；

（3）开设总裁信箱，总裁信箱设立两年来，近 3000 封来自客户、合作伙伴、员工的信件得到及时回复和妥善处理；

（4）发布《中国移动每日舆情摘要》，对社会公众关注的热点问题及时跟踪和反馈；

（5）积极举办客户接待日、媒体沟通会等利益相关方沟通活动。

三、界　定

（一）明确报告组织边界

报告的组织边界指与企业相关的哪些组织应纳入报告的披露范围。企业通常可以按照以下四个步骤确定报告的组织边界：

1. 明确企业价值链

企业按照上游、中游和下游明确位于企业价值链的各个组织体，在明确价值链的基础上，列出与企业有关的组织体名单。一般来说，企业价值链主要构成组织体包括：

（1）上游：社区、供应商；

（2）中游：员工、股东、商业伙伴、NGO、研究机构；

（3）下游：分销商、零售商、顾客。

2. 根据"控制力"和"影响力"二维矩阵明确报告要覆盖的组织体

列出与企业有关的组织体名单后，企业应根据"企业对该组织体的控制力"和"该组织体活动对企业的影响"两个维度将企业分为四类。其中，A 类、B 类和 C 类三类组织体应纳入报告覆盖范围，如图 6-7 所示。

3. 确定披露深度

在明确报告覆盖范围后，应针对不同类别明确不同组织体的披露深度：

（1）对 A 类组织体：企业应披露对该组织体的战略和运营数据；

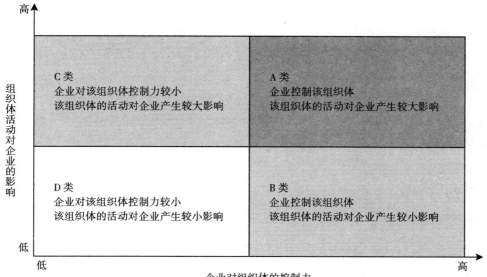

图6-7 界定报告范围原则

（2）对B类组织体：企业应披露对该组织体的战略和管理方法；

（3）对C类组织体：企业应披露对该组织体的政策和倡议。

4. 制订披露计划

在确定披露深度后，企业应根据运营和管理的实际对不同组织体制订相应的披露计划。

（二）界定实质性议题

实质性议题，即关键性议题，指可以对企业长期或短期运营绩效产生重大影响的决策或活动。企业可以按照以下三个步骤确定实质性议题：

1. 议题识别

议题识别的目的是通过对各种背景信息的分析，确定与企业社会责任活动相关的议题清单。在议题识别过程中需要分析的信息类别和信息来源如表6-2所示。

2. 议题排序

在识别出社会责任议题后，企业应根据"对企业可持续发展的影响度"和"对利益相关方的重要性"两个维度对实质性议题进行排序，如图6-8所示。

表 6-2 议题识别的环境扫描

信息类别	信息来源
企业战略或经营重点	①企业经营目标、战略和政策 ②企业可持续发展战略和 KPI ③企业内部风险分析 ④企业财务报告等
报告政策或标准分析	①社会责任报告相关的国际标准，如 GRI 报告指南，ISO26000 ②政府部门关于社会责任报告的政策，如国务院国资委发布的《中央企业"十二五"和谐发展战略实施纲要》 ③上交所、深交所对社会责任报告的披露邀请 ④其他组织发布的社会责任报告标准，如中国社会科学院企业社会责任研究中心发布的一系列《中国企业社会责任报告编写指南》等
利益相关方分析	①利益相关方调查 ②综合性的利益相关方对话、圆桌会议等 ③专题型利益相关方对话 ④利益相关方的反馈意见等 ⑤与行业协会的沟通和交流
宏观背景分析	①国家政策 ②媒体关注点 ③公众意见调查 ④高校和研究机构出版的研究报告

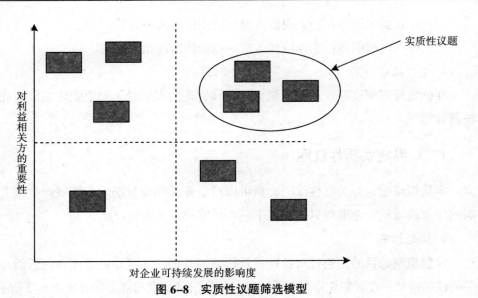

图 6-8　实质性议题筛选模型

3. 议题审查

在明确实质性议题清单之后，企业应就确立的实质性议题征询内外部专家意见，并报高层管理者审批。

案例：斗山工程机械（中国）实质性议题选择

2012 年，斗山 Infracore（中国）运用公司独有的评价模型，通过内部评估、外部单位评价以及利益相关方调研相结合的方式，导出公司目前的社会责任工作水平和到 2013 年末能够改善的社会责任核心议题及其优先顺序。模型评价结果显示，公司在技术与革新、人才培养、组织文化/人权/劳动等部分获得较好的评价，但在客户价值、环境、企业伦理等部分需要改善。

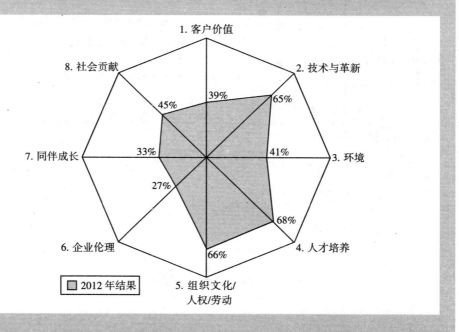

利益相关方调研则显示其共同认为客户价值、技术与革新、同伴成长、人才培养是企业经营的重要部分。通过议题筛选，斗山 Infracore 选择企业伦理、社会贡献、组织文化/人权/劳动、环境 4 个议题作为企业社会责任核心议题。

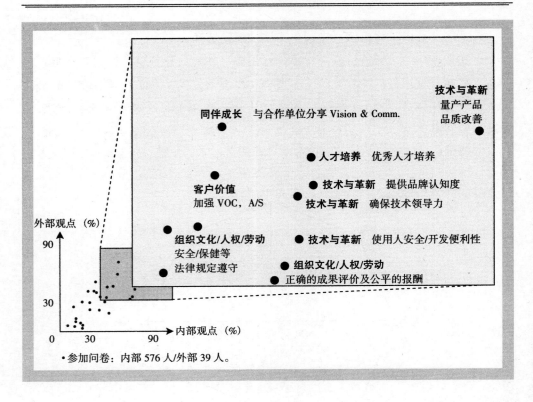

• 参加问卷：内部 576 人/外部 39 人。

四、启 动

（一）召开社会责任报告培训会

召开社会责任报告培训会的目的是通过培训会确保公司上下对社会责任报告的重要性、编写工作流程形成统一的认识。在组织报告编写培训会时应注意考虑以下因素：

（1）培训会对象：企业社会责任联络人；

（2）培训会讲师：外部专家和内部专家相结合；

（3）培训课件：社会责任发展趋势和本企业社会责任规划相结合。

（二）对社会责任报告编写任务进行分工

在培训启动会上，社会责任报告编写牵头组织部门应对报告编写任务进行分工，明确报告参与人员的工作要求和完成时间。

案例：中国黄金集团社会责任报告编写培训会

2012 年 10 月 25 日，中国黄金集团在北京举办社会责任培训班，集团下属 50 家主要生产企业社会责任专职工作人员参加了培训。培训期间邀请国资委研究局、中国社会科学院经济学部企业社会责任研究中心的领导和专家就国内外社会责任发展情况、社会责任理论等方面进行了讲解，集团公司社会责任主管部门负责人介绍了集团公司的社会责任工作情况，并对集团下一步社会责任工作提出了要求，确定了奋斗目标。培训收到了预期的效果，为集团全面推进社会责任工作奠定了坚实的基础。

五、撰 写

充足、有针对性的素材是报告质量的保证。企业在收集报告编写素材时可采用但不限于以下方法：

（1）下发部门资料收集清单；

（2）对高层管理者、利益相关方进行访谈；

（3）对下属企业进行调研；

（4）对企业存量资料进行案头分析。

资料清单模板：××公司社会责任报告数据、资料需求清单

填报单位：人力资源部　　　　　填报人：　　　　　审核人：

1. 数据指标

编号	指标	2008 年	2009 年	2010 年	备注
1	员工总数（人）				
2	劳动合同签订率（%）				
⋮	⋮				

2. 文字材料

（1）公平雇佣的理念、制度及措施。

（2）员工培训管理体系。

……

3. 图片及视频资料

（1）员工培训的图片。

（2）文体活动图片。

……

4. 贵部门认为能够体现我公司社会责任工作的其他材料、数据及图片

案例：北汽集团社会责任信息收集与调研

2013 年，北汽集团启动首份社会责任报告编写工作。为确保资料收集质量，北汽集团采取下发"资料清单"和下属企业走访调研相结合的方式。2013 年 4~5 月，项目共调研了北京现代、北京奔驰、湖南株洲公司、重庆北汽银翔等 11 家下属企业，收集了丰富的材料。

通过下属企业走访调研的方式可以收集到更多一手的材料，同时在调研过程中可以对企业在社会责任方面的疑问进行解答，是一种比较高质量的资料收集方式。

六、发　布

（一）确定报告格式

随着技术发展和公众阅读习惯的改变，企业社会责任报告的格式日趋多样性。目前，企业社会责任报告的格式主要有：

（1）可下载的 PDF 格式；

（2）互动性网络版；

（3）印刷品出版物；

（4）印刷简本；

（5）网页版；

（6）视频版；

（7）APP 版本。

不同的报告格式具有不同的优缺点和针对性，企业应根据以下因素确定最佳报告形式组合策略：

（1）利益相关方的群体性；

（2）不同利益相关方群体的关注领域；

（3）不同利益相关方群体的阅读习惯；

（4）人们阅读和沟通的发展趋势及技术发展趋势。

（二）确定报告读者

社会责任报告的目标读者通常包括政府、投资机构、客户、员工、供应商、媒体、非政府组织、行业协会和一般公众等。企业应根据自身情况确定目标读者。

（三）确定发布形式

不同的发布形式具有不同的传播效果。通常，社会责任报告的发布形式主要

有专项发布会、嵌入式发布会、网上发布、直接递送和邮件发送等，如表 6-3
所示。

表6-3　报告发布会类型

类　型	含　义
专项发布会	为社会责任报告举办专项发布会
嵌入式发布会	在其他活动中嵌入社会责任报告发布环节
网上发布	将社会责任报告放在互联网上并发布公司新闻稿
直接递送	将社会责任报告的印刷版直接递送给利益相关方
邮件发送	将公司社会责任报告电子版或网站链接通过邮件发送给利益相关方

案例：中国三星报告发布会

2013 年 3 月 18 日，中国三星发布首份"中国三星社会责任报告书"。报告书在人才第一、顾客满足、诚信守法、追求共赢、绿色经营等方面展示了中国三星企业社会责任优秀的事例，在倾听中国社会声音的同时，承诺率先变为"开放的中国三星"。在发布会上，中国三星宣布 2013 年为中国三星企业社会责任（Corporate Social Responsibility，CSR）经营元年，旨在通过更高层次的 CSR 活动，与中国人民以及中国社会一起建设"美丽中国"。同时，为了实现"共享企业社会责任资源和力量"，中国三星与中国社会科学院经济学部企业社会责任研究中心签订了战略合作协议，成立"中国企业社会责任研究基地"。这是中国首家外资企业成立的社会责任研究基地，通过向中小企业开展"企业社会责任公益培训"，让更多的企业投身到履行社会责任的行列中。

七、反　馈

在社会责任报告发布后，企业应总结本次报告编写过程并向外部利益相关方和内部相关部门进行反馈。反馈的主要形式包括但不限于会议、邮件、通信等。反馈的内容主要是本次报告对内外部利益相关方期望的回应和未来行动计划。

第七章　报告质量标准

一、过程性

（一）定义

过程性即社会责任报告全生命周期管理，是指企业在社会责任报告编写和使用的全过程中对报告进行全方位的价值管理，充分发挥报告在利益相关方沟通、公司社会责任绩效监控方面的作用，将报告作为提升公司社会责任管理水平的有效工具。

（二）解读

过程性涉及社会责任报告全生命周期管理中的组织、参与、界定、启动、撰写、发布和反馈七个过程要素。其中，组织和参与是社会责任报告编写的保证，贯穿报告编写的全部流程。界定、启动、撰写、发布和反馈构成一个闭环的流程体系，通过持续改进报告编制流程，从而提升报告质量和公司社会责任管理水平。

（三）评估方式

编制报告过程中是否执行了报告管理全过程的规定性动作。

案例：中国移动过程性管理卓越

公司发展战略部牵头成立报告编写组，高层领导负责编写推进及报告审定；编写组对利益相关方进行识别，通过调查问卷、访谈等形式收集相关方意见；根据相关方意见、国家相关政策、国内外行业对标分析等对实质性议题进行界定；计划召开专项发布会，并将以印刷品、电子版、中英文版本等形式呈现报告，具有卓越的过程性表现。

二、实质性

（一）定义

实质性是指报告披露企业可持续发展的关键议题以及企业运营对利益相关方的重大影响。利益相关方和企业管理者可根据实质性信息作出充分判断和决策，并采取可以影响企业绩效的行动。

（二）解读

企业社会责任议题的重要性和关键性受到企业经营特征的影响，具体来说，企业社会责任报告披露内容的实质性由企业所属行业、经营环境和企业的关键利益相关方等决定。

（三）评估方式

内部视角：报告议题与企业经营战略的契合度；
外部视角：报告议题是否回应了利益相关方的关注点。

案例：中国民生银行聚焦实质性议题

《中国民生银行 2012 年社会责任报告》在编写过程中注重实质性议题的披露，报告主体部分分为"完善责任治理，加强责任沟通""推进流程改革，打造最佳银行""聚焦小微金融，开创发展蓝海""服务实体经济，致力金融普惠""建设民生家园，关爱员工成长""共建生态文明，助力美丽中国"、

"投身慈善公益，倾力回报社会"七大领域，较好地反映了民生银行的本质责任和特色实践。

三、完整性

（一）定义

完整性是指社会责任报告所涉及的内容较全面地反映企业对经济、社会和环境的重大影响，利益相关方可以根据社会责任报告知晓企业在报告期间履行社会责任的理念、制度、措施以及绩效。

（二）解读

完整性从两个方面对企业社会责任报告的内容进行考察：一是责任领域的完整性，即是否涵盖了经济责任、社会责任和环境责任；二是披露方式的完整性，即是否包含了履行社会责任的理念、制度、措施及绩效。

（三）评估方式

标准分析：是否满足了《中国企业社会责任报告编写指南（CASS–CSR 3.0)》等标准的披露要求；

内部运营重点：是否与企业战略和内部运营重点领域相吻合；

外部相关方关注点：是否回应了利益相关方的期望。

案例：南方电网公司披露了指南 86.01% 的核心指标

《中国南方电网公司社会责任报告 2012》共 82 页，报告从"责任管理"、"电力供应"、"绿色环保"、"经济绩效"及"社会和谐"等方面，系统披露了《中国企业社会责任报告编写指南》电力供应业核心指标的 86.01%，具有很好的完整性。

四、平衡性

（一）定义

平衡性是指企业社会责任报告应中肯、客观地披露企业在报告期内的正面信息和负面信息，以确保利益相关方可以对企业的整体业绩进行正确的评价。

（二）解读

平衡性要求是为了避免企业在编写报告的过程中对企业的经济、社会、环境消极影响或损害的故意性遗漏，影响利益相关方对企业社会责任实践与绩效的判断。

（三）评估方式

考查企业在社会责任报告中是否披露了实质性的负面信息。如果企业社会责任报告未披露任何负面信息，或者社会已知晓的重大负面信息在社会责任报告中未进行披露和回应，则违背了平衡性原则。

案例：中国石化股份重视负面信息披露

2012 年 7 月 23 日，承运商在由广州南沙前往汕头途中，受台风影响有 6 个装载中石化公司生产的聚丙烯产品的集装箱落入香港海域，箱内白色聚丙烯颗粒散落海面，部分颗粒漂至香港愉景湾、南丫岛深湾等附近海滩，引起广泛关注。在《中国石化 2012 年可持续发展进展报告》中，用专题形式对本次事件背景、公司应对和相关方反馈进行了详细披露。

五、可比性

（一）定义

可比性是指报告对信息的披露应有助于利益相关方对企业的责任表现进行分析和比较。

（二）解读

可比性体现在两个方面：纵向可比与横向可比，即企业在披露相关责任议题的绩效水平时既要披露企业历史绩效，又要披露同行业绩效。

（三）评估方式

考查企业是否披露了连续数年的历史数据和同行业数据。

案例：华电集团社会责任报告披露了 61 个可比指标

《中国华电集团公司社会责任报告 2012》披露了 61 个关键绩效指标连续 3 年的历史数据，同时披露了多项公司与同行业在环境绩效、责任管理等方面的横向比较数据，具有较强的可比性。

六、可读性

（一）定义

可读性指报告的信息披露方式易于读者理解和接受。

实践篇

第八章　以报告促进管理
——华润医药社会责任报告管理

一、华润医药集团简介

华润医药集团有限公司是集药品研发、生产和流通为一体的企业集团，是华润（集团）有限公司旗下七大战略业务单元之一。2014 年，华润医药集团实现营业收入 1060.5 亿元、经营利润超 54 亿元，整体规模和综合实力保持中国医药行业第二位。

华润医药布局整个医药健康产业链，立足于科技领先，以优质的健康产品、专业的健康服务，为人们提供生命健康的保证，在药品制造和医药商业方面具有雄厚的产业基础和领先的竞争优势。

在药品制造方面，为大众提供涵盖化学药、中药、生物药、健康养生品等领域的优质产品，并在大输液、心脑血管用药、内分泌用药、生殖健康用药、感冒药、胃肠药、皮肤药等细分市场具有领先优势。

在医药商业方面，提供专业化的医药分销、纯销、零售和物流服务，并在医院直销、医院药品物流智能一体化服务（HLI）、现代物流配送等方面居于国内领先地位，拥有覆盖全国 31 个省（市、自治区）的营销网络。

在创新研发方面，华润医药有丰富的研发资源和人才，建有国家级中成药和胶类中药两个工程技术研究中心及多个省级技术中心，是国家计划生育用药和生殖健康用药科研基地。

华润医药旗下拥有华润医药商业集团有限公司、华润三九医药股份有限公司、华润双鹤药业股份有限公司、东阿阿胶股份有限公司、华润赛科药业有限责任公司、华润紫竹药业有限公司等多家国内知名医药企业，其中华润三九（000999）、华润双鹤（600062）和东阿阿胶（000423）为国内 A 股上市公司。

"999"、"双鹤"、"东阿阿胶"、"赛科"、"紫竹"、"毓婷"、"桃花姬"、"天和"、"顺峰"等众多知名品牌和产品，多年来服务于大众健康并广受好评。

华润医药秉承诚实守信、合规发展的理念，致力于做中国医药健康产业的引领者，为人类的健康事业作出贡献。

二、履责历程

表 8-1　华润医药集团履责历程

年份	履责历程
2007	华润医药集团有限公司于香港成立
2010	重组北京医药集团，整体规模及实力居全国前列
	开展为期五年的"北京红丝带"艾滋病患者之家关爱捐赠
2013	《2012 年华润集团社会责任报告·重点企业》发布简版社会责任报告
	四川芦山地震，派出小分队深入震区参加救援，并为灾区捐赠价值 650 万元的救灾药械和 231 万元现金
	荣获中国网"大国远见"之社会责任奖
	成立华润医药企业文化和社会责任指导委员会
2014	首次独立发布《华润医药集团 2013 年社会责任报告》
	荣获中国 AAA 级信用企业
	云南鲁甸地震，向灾区捐赠价值约 292 万元的治疗腹泻相关药品和乳母营养保健品
	江苏昆山爆炸事故，捐赠价值 101 万元急救药品，并全力保障抢救用药械供应
2015	发布《华润医药集团社会责任报告 2014》
	天津港特大爆炸事故，紧急调配抢救急需药品，保障伤员救治

三、责任报告

（一）报告概览

企业社会责任报告是企业就企业社会责任信息与利益相关方进行沟通的主要平台。华润医药自成立之时起，就高度重视企业社会责任，重视通过各种渠道与各相关方沟通社会责任信息。2012 年以前，按照华润集团的整体部署，收集、整理相关信息，汇总展现于华润集团社会责任报告。2013 年，集团编写了简版报告，与华润集团旗下其他重点企业的简版报告一起汇编为《2012 年华润集团社会责任报告·重点企业》。2014 年起，华润医药开始组织编写独立社会责任报告并对外发布，如表 8-2 所示。目前，华润医药社会责任报告为年度报告。

表 8-2 华润医药社会责任报告发布情况概览

年份	报告页数	报告语言	报告版本	参考标准
2013	25	中文	印刷/电子	国务院国资委《关于中央企业履行社会责任的指导意见》 国务院国资委《中央企业"十二五"和谐发展战略实施纲要》 《中国企业社会责任报告编写指南（CASS-CSR2.0）》 《华润企业公民建设指引》
2014	80	中文	印刷/电子	国务院国资委《关于中央企业履行社会责任的指导意见》 国务院国资委《中央企业"十二五"和谐发展战略实施纲要》 《中国企业社会责任报告编写指南（CASS-CSR2.0）》 《华润企业公民建设指引》
2015	88	中文	印刷/电子	国务院国资委《关于中央企业履行社会责任的指导意见》 国务院国资委《中央企业"十二五"和谐发展战略实施纲要》 《中国企业社会责任报告编写指南（CASS-CSR3.0）》 《华润企业公民建设指引》 《华润医药集团社会责任工作管理办法》

（二）报告投入

华润医药社会责任报告以内部编制为主，见表 8-3，同时邀请外部知名社会责任专家为报告编写提供意见和建议。

表 8-3 华润医药社会责任报告投入情况概览

年份	投入人员	投入时间	搜集素材
2013	1	3 个月	搜集：5 万字、150 多张照片 实际使用：0.8 万字、60 张照片
2014	2	6 个月	搜集：15 万字、200 多张照片 实际使用：2.8 万字、65 张照片
2015	3	6 个月	搜集：20 万字、240 多张照片 实际使用：3.2 万字、59 张照片

四、报告管理

（一）组织

高效协同的组织体系是推进社会责任工作、编写高质量社会责任报告的前提条件。华润医药按照华润集团社会责任工作管理的要求，结合行业特色、公司的实际情况和战略发展要求，建立起社会责任组织体系、管理制度。

1. 社会责任组织体系

华润医药成立了企业文化与社会责任指导委员会，由集团主要领导担任主任、副主任，管理团队成员和下属主要利润中心负责人为委员会成员。各利润中心也相应成立社会责任组织机构，如图 8-1 所示。

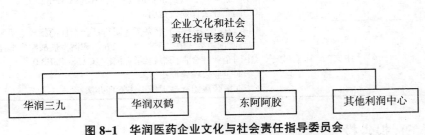

图 8-1 华润医药企业文化与社会责任指导委员会

在企业文化与社会责任指导委员会的领导下，华润医药党委办公室是社会责任管理的职能部室，党委办公室是社会责任管理的职能部门，负责社会责任工作的综合协调和日常管理，设专岗负责；各职能部室结合职责负责推进和落实相应的社会责任专项工作，设兼职负责人员；各利润中心相应成立社会责任组织机构，指定专职或兼职负责人，形成矩阵式社会责任工作组织体系。

华润医药社会责任报告的编制依托社会责任管理的组织体系，在企业文化与社会责任指导委员会的领导下，由党委办公室牵头，总部职能部室社会责任联络人、下属重点企业社会责任联络人共同组成报告编制小组（见表 8-4）。党委办公室负责根据华润集团的总体部署和报告框架，确定报告核心议题、报告框架以及报告汇总编写、修改、设计、印刷、发布等；职能部室负责确定与本职能相关的实质性议题并负责相关章节内容素材汇总和编写；下属企业联络人负责素材收集、加工整理、上报素材，并对材料的真实性、准确性负责；职能部室和下属企业协助完成报告审核工作。

表 8-4　华润医药社会责任报告的责任分工

党委办公室	责任管理、诚信文化、慈善公益、民主管理、员工关爱、媒体关系
环境健康与安全部	产品与服务质量、安全生产、职业健康、节能环保
人力资源部	员工权益保护、员工成长与培训
董事会办公室	股东关系、公司治理、保护中小股东和债权人合法权益、完善上市公司董事履责
市场营销部	优质服务、药品供给（配送）保障、供应链管理
战略发展部	宏观政策响应、精益管理
研发管理部	产品创新
财务管理部	依法纳税、股东权益
审计合规部	合规教育、风险管理
法律事务部	依法治企
总经理办公室	绿色办公

2. 社会责任制度

2014 年，《华润医药集团社会责任工作管理办法》、《华润医药集团对外捐赠管理办法》正式制定发布，确立企业社会责任管理的原则、组织及职责、工作流程等，建立华润医药社会责任管理关键绩效体系，包括责任管理、经济责任、员工责任、客户责任、伙伴责任、公共责任、环境责任 7 个方面、28 个维度、107 个关键绩效指标。实行社会责任工作预算管理，并每季度向华润集团报告对外捐赠情况。

3. 社会责任组织队伍

社会责任工作团队的专业能力素养是编写高质量报告的前提和基础。华润医药通过"请进来、走出去"的方式，积极在不同层面开展培训、组织研讨等，不断提升报告编写队伍的能力素质，如参加中国社会科学院、中国工业经济联合会、华润集团等的社会责任培训和交流活动；集团层面、下属主要利润中心如华润三九、华润双鹤、东阿阿胶等定期组织社会责任专题培训；公司还持续加强员工质量、安全、环保、守法合规等的培训，为公司社会责任专项工作奠定了坚实的基础，也提高了全员的履责能力和意识。

同时，华润医药以社会责任报告编写为抓手，促进下属企业之间社会责任工作的交流，总结推广好的举措经验，推进社会责任工作与企业战略和日常经营、管理工作的融合。

（二）参与

利益相关方的充分参与，能够保证社会责任报告质量。华润医药以积极参加社会责任论坛峰会、召开利益相关方交流会等方式进行社会责任的内外部交流，明确利益相关方的期望，并进行针对性回应，如表 8-5 所示。

表 8-5　参与方式

利益相关方	描述	对集团的期望	沟通方式	主要指标
政府	中国政府和业务所在地政府	● 确保产品质量安全 ● 依法规经营 ● 创造就业机会 ● 税收贡献	● 会议论坛 ● 拜访会谈 ● 工作汇报 ● 新闻报道 ● 邀请参观视察	● 集团所有生产企业、商业企业、研发机构都通过监管部门认证 ● 守法合规 ● 新增就业 ● 依法纳税
股东	集团及下属利润中心股票、债券持有人	● 规范治理 ● 资产保值增值 ● 防范经营风险	● 会议 ● 定期汇报 ● 业务部门日常沟通 ● 递交财务报表	● 完善法人治理结构 ● 加强经营管理，创新经营模式，提高经营效益，实现稳健回报 ● 加强风险防控
员工	公司组织机构中的全部成员	● 保障权益 ● 职业发展 ● 良好的工作条件 ● 价值实现 ● 困难时候帮扶	● 职工代表大会 ● 工会活动 ● 调查走访 ● 征求意见	● 企务公开 ● 发挥职代会、工会的作用 ● 薪酬改革 ● 规范建立劳动用工机制 ● 完善收入分配和福利保障机制 ● 职业发展双通道 ● 加强员工培训 ● 创造安全健康的工作环境 ● 建立爱心基金

续表

利益相关方	描述	对集团的期望	沟通方式	主要指标
合作伙伴	供应商、经销商、咨询机构	● 平等合作 ● 互利共赢 ● 拓展合作领域 ● 带动产业链发展	● 论坛会议 ● 走访座谈 ● 项目合作	● 坚持诚实守信、合作共赢的理念 ● 不断拓展合作领域，创造更多协同价值 ● 打通产业链上下游，与合作伙伴共同创造价值
客户	购买或潜在购买集团产品或服务的所有用户	● 产品安全有效 ● 服务周到便捷 ● 投诉纠纷及时解决 ● 针对未被满足或潜在需求开发、提供创新的产品/服务/解决方案 ● 情感关怀 ● 经营环境健康有序	● 调查 ● 客户关系管理 ● 研讨会 ● 新闻报道	● 坚持诚实守信、客户至上、感恩回报的价值观 ● 建立完善的质量安全管理体系 ● 推进一站式、全方位服务 ● 多渠道倾听客户呼声和投诉建议，设置专门岗位人员，及时回应和解决投诉建议 ● 运用新技术、创新经营模式，不断改进提升产品和服务 ● 诚信合规经营
社区	企业业务及运营所在地	● 保护环境 ● 拉动当地就业 ● 扶危济困 ● 共建和谐社区	● 座谈 ● 走访 ● 会议 ● 公益/共建/联谊 ● 活动 ● 新闻报道	● 节能减排 ● 雇佣本地员工 ● 邀请媒体到公司采访座谈 ● 网站、刊物发布信息 ● 积极开展慈善公益活动

（三）界定

1. 议题确定流程

● 参考行业标准，结合自身特点，确定社会责任目标。

● 与利益相关方沟通，了解相关方的关切。

● 筛选并确定重大议题。

● 制定工作计划并遵照实施。

2. 社会责任核心议题

根据利益相关方调研，结合公司的战略和运营，识别出华润医药社会责任的3个实质性议题：产品和服务质量、服务基层百姓、诚信合规经营，如图8-2所示。

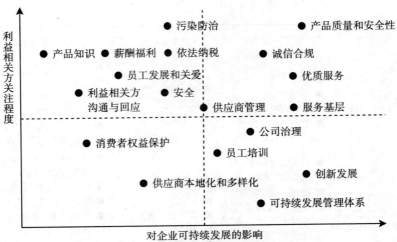

图 8-2　华润医药社会责任报告核心议题

3. 社会责任模型

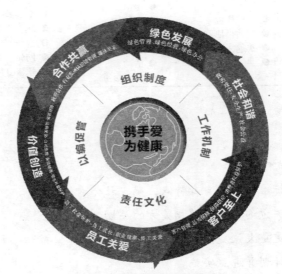

图 8-3　华润医药社会责任模型

(四) 启动

　　华润医药党委办公室积极派人参加中国社会科学院、中国工业经济联合会等举办的社会责任培训、研讨、交流活动，学习、了解国内外社会责任最新进展、知识，提高相关人员的理论水平和认知水平。

组织社会责任培训和报告编写启动会，邀请外部专家、华润集团相关负责人，从社会责任理论、最新进展，国资委、华润集团对社会责任工作和社会责任报告的要求等方面进行培训，研讨往年社会责任报告编写过程中存在的问题及改进措施，交流各单位好的经验、做法和特色实践案例等。同时，详细讲解下一年度社会责任报告编写的安排，明确工作要求。

（五）撰写

1. 形成报告基本框架和核心议题

根据中国社会科学院《中国企业社会责任报告编写指南（CASS–CSR3.0）》、上级单位的指导性文件及年度工作要求、华润医药的相关制度、利益相关方诉求、公司年度工作重点等，确定报告的基本框架，如表8-6所示。

表 8-6　2014 年社会责任报告基本框架

结　构	一级标题	二级标题
报告前言	走进华润医药	责任模型 公司简介 2014 年大事记 重要荣誉
报告主体	责任专题	为了大众用药安全 依法治企、诚信经营 服务基层百姓
	责任引领未来	责任文化 责任管理 责任推进 责任融合 责任沟通交流
	为股东创造价值	公司治理 创新发展 结构优化 管理提升 防范经营风险 保护中小投资者权益 规范信息披露 保值增值
	重视基层关爱员工	员工权益 员工成长 职业健康 关爱困难员工 丰富员工文化生活

结 构	一级标题	二级标题
报告主体	为客户提供优质产品与服务	保障药品供应 维护消费者权益 提升客户满意度 创新发展
	与合作伙伴携手共赢	政府合作 促进行业发展 推动产业链履责 产学研合作平台建设 媒体关系
	与社会和谐共存	政府责任 安全生产 社会公益
	缔造可持续生态环境	绿色管理 绿色经营 绿色工厂 绿色办公
报告后记	2015 年展望	
	附录	关键绩效表 本报告说明 意见反馈

根据利益相关方的重大关切和对公司战略发展的影响，确定社会责任的核心议题，相关理念、实践和成效体现在报告的责任专题中。

2. 确定报告指标体系

根据识别确定的社会责任议题、医药行业的行业特点、中国社会科学院《中国企业社会责任报告编写指南（CASS-CSR3.0)》、华润集团社会责任报告编写要求、《华润医药社会责任工作管理办法》等，确定社会责任报告的指标体系，如表 8-7 所示。

表 8-7　2014 年社会责任报告关键绩效指标

类 别	指 标
经济责任	营业收入（万元）
	利润总额（万元）
	净利润（万元）
	资产总额（万元）
	净资产（万元）
	净资产收益率（%）
	资产报酬率（%）
	国有资产保值增值率（%）

续表

类　别	指　标
社会贡献	员工总人数（人）
	新增就业人数（人）
	纳税总额（万元）
	公益捐赠总额（万元）
	志愿者活动人次（人次）
员工责任	女性管理者比例（%）
	困难员工帮扶投入（万元）
	人均带薪休假天数（天）
	员工培训覆盖率（%）
	员工培训投入（万元）
	人均培训时间（小时）
	职业病发生次数（次）
客户责任	研发投入（万元）
	研发人员数量（人）
	新增专利数（个）
	客户投诉反馈处理数占投诉数比重（%）
安全生产及环境责任	工伤事故发生数（次）
	员工伤亡人数（人）
	安全培训人次（人次）
	安全培训投入（万元）
	节能环保总投入（万元）
	万元工业产值能耗（吨标煤）
	万元增加值可比综合能耗（吨标煤）
	综合能源消费量（万吨）
	二氧化碳排放量（吨）
	氮氧化物排放量（吨）
	化学需氧量排放量（吨）

3. 素材收集与报告编写

在素材收集中，华润医药有三个"注重"：

（1）注重结合日常工作进行收集。华润医药党委办公室利用负责集团新闻宣传工作之便，在日常工作中注重收集、汇总社会责任相关素材，并整理成台账。同时，也要求各部室、各下属单位社会责任联络员在日常工作中注意收集整理相关素材，年终汇总整理后提供给编写小组。

（2）注重部室牵头职责范围内素材收集。根据《华润医药社会责任工作管理办法》，社会责任专项工作已分解到总部各部室。在报告素材收集中，由各部室负责收集各自职责范围内的社会责任专项工作和绩效指标素材，对素材进行初步整理后，提供给党委办公室汇总。党委办公室根据报告整体框架，与职能部室讨论后提出补充收集或完善的建议，由部室进行二次收集。

（3）注重案例和数据资料的收集。在确定报告框架的同时，提出需要收集的绩效指标，以便各单位能对照进行数据资料的收集统计。对能量化的素材，要求各部室、各利润中心尽量量化统计；对不能量化的，要求提供实践案例。

党委办公室将收集的素材统一协调、整理，按照报告框架进行报告编辑，并根据素材情况对报告结构进行优化，形成初稿。

4. 设计、印刷

华润医药社会责任报告设计、印刷聘请专业机构进行，遵循华润集团年度社会责任报告对风格、基调等各方面的要求，在保持与华润集团风格一致的同时，体现医药行业的特色。

（六）发布及使用

华润医药社会责任报告通过多种形式进行发布：

（1）印刷纸质版向利益相关方赠阅，在论坛峰会发布。

（2）制作电子版形式在华润医药网站、华润集团网站发布，供浏览者在线或下载阅读。

（3）2014 年报告同时制作 Html5 版本、微信连载等，通过手机移动终端新媒体进行传播。

社会责任报告是综合展现企业履行社会责任情况的载体，通过对往年业绩以及未来预测的平衡和报告，有效梳理企业自身的管理实绩，从更高的层次上帮助组织传递与经济、环境、社会机遇和挑战相关的信息，有助于加强公司与外部各利益相关方（消费者、投资者、合作者、员工、社区等）的关系，建立信任，可以作为建设、维持和不断完善利益相关方参与的重要工具。

华润医药鼓励在与利益相关方进行沟通时充分使用社会责任报告。

附　录

一、参编机构

（一）中国社会科学院经济学部企业社会责任研究中心

中国社会科学院经济学部企业社会责任研究中心（以下简称"中心"）成立于 2008 年 2 月，是中国社会科学院主管的非营利性学术研究机构，中国社会科学院、国务院国有资产监督管理委员会、人力资源和社会保障部、中国企业联合会、人民大学、国内外大型企业的数十位专家、学者担任中心理事。

中心以"中国特色、世界一流社会责任智库"为目标，积极践行研究者、推进者和观察者的责任：

（1）研究者：中国企业社会责任问题的系统理论研究，研发颁布《中国企业社会责任报告编写指南（CASS-CSR 1.0/2.0/3.0）》，组织出版《中国企业社会责任》文库，促进中国特色的企业社会责任理论体系的形成和发展。

（2）推进者：为政府部门、社会团体和企业等各类组织提供咨询和建议；成立"中国企业社会责任研究基地"；主办"分享责任——中国企业社会责任公益讲堂"；主办"分享责任——中国行"社会责任调研活动；开设中国社科院研究生院 MBA《企业社会责任》必修课，开展数百次社会责任培训，传播社会责任理论知识与实践经验；组织、参加各种企业社会责任研讨交流活动，分享企业社会责任研究成果。

（3）观察者：出版《企业社会责任蓝皮书（2009/2010/2011/2012/2013/2014/2015)》，跟踪记录上一年度中国企业社会责任理论和实践的最新进展；出版《企业公益蓝皮书（2014/2015)》，研究记录我国企业公益实践的发展；每年发布《中国企业社会责任报告白皮书（2011/2012/2013/2014/2015)》，研究记录我国企业社会责任报告发展的阶段性特征；制定、发布、推动《中国企业社会责任报告评级》，为 150 余份社会责任报告提供评级服务；主办"责任云"（www.zerenyun.com）平台以及相关技术应用。

中国社科院经济学部企业社会责任研究中心
2015 年 11 月

网站：www.cass-csr.org

微博：http://weibo.com/casscsr

微信公众账号：CSRCloud（责任云）

E-mail：csr@cass-csr.org

关注中国企业社会责任最新进展

责任云 CSRCloud

研究业绩

课题

[1] 国务院国资委：《海外中资企业社会责任研究》，2014–2015 年。

[2] 工信部：《"十二五"工业信息企业社会责任评估》，2014–2015 年。

[3] 国家食药监局：《食品药品安全事件沟通机制研究》，2014–2015 年。

[4] 中国保监会：《中国保险业社会责任白皮书》，2014–2015 年。

[5] 国土资源部：《矿山企业社会责任评价指标体系研究》，2014 年。

［6］国务院国资委：《中央企业社会责任优秀案例研究》，2014 年。

［7］全国工商联：《中国民营企业社会责任研究报告》，2014 年。

［8］陕西省政府：《陕西省企业社会责任研究报告》，2014 年。

［9］国土资源部：《矿业企业社会责任报告制度研究》，2013 年。

［10］国务院国资委：《中央企业社会责任优秀案例研究》，2013 年。

［11］中国扶贫基金会：《中资海外企业社会责任研究》，2012-2013 年。

［12］北京市国资委：《北京市属国有企业社会责任研究》，2012 年 5 月–12 月。

［13］国资委研究局、中国社科院经济学部企业社会责任研究中心：《企业社会责任推进机制研究》，2010 年 1 月–2010 年 12 月。

［14］国家科技支撑计划课题：《社会责任国际标准风险控制及企业社会责任评价技术研究之子任务》，2010 年 1 月–2010 年 12 月。

［15］深交所、中国社科院经济学部企业社会责任研究中心：《上市公司社会责任信息披露》，2009 年 3 月–2009 年 12 月。

［16］中国工业经济联合会、中国社科院经济学部企业社会责任研究中心：工信部制定《推进企业社会责任建设指导意见》前期研究成果，2009 年 10 月–2009 年 12 月。

［17］中国社科院交办课题：《灾后重建与企业社会责任》，2008 年 8 月–2009 年 8 月。

［18］中国社会科学院课题：《海外中资企业社会责任研究》，2007 年 6 月–2008 年 6 月。

［19］国资委课题：《中央企业社会责任理论研究》，2007 年 4 月–2007 年 8 月。

专著

［20］黄群慧、彭华岗、钟宏武、张蒽：《企业社会责任蓝皮书（2014）》，社科文献出版社 2014 年版。

［21］钟宏武、魏紫川、张蒽、翟利峰等：《中国企业社会责任报告白皮书（2014）》，经济管理出版社 2014 年版。

［22］孙孝文、张闽湘、王爱强、解一路：《中国企业社会责任报告编写指南（CASS–CSR3.0）之家电制造业》，经济管理出版社 2014 年版。

［23］孙孝文、吴扬、王娅郦、王宁：《中国企业社会责任报告编写指南（CASS–CSR3.0）之建筑业》，经济管理出版社 2014 年版。

[24] 孙孝文、文雪莲、周亚楠、张伟:《中国企业社会责任报告编写指南(CASS–CSR3.0)之电信服务业》,经济管理出版社 2014 年版。

[25] 孙孝文、汪波、刘鸿玉、王娅郦、叶云:《中国企业社会责任报告编写指南 (CASS–CSR3.0) 之汽车制造业》,经济管理出版社 2014 年版。

[26] 孙孝文、陈龙、王彬、彭雪:《中国企业社会责任报告编写指南(CASS–CSR3.0) 之煤炭采选业》,经济管理出版社 2014 年版。

[27] 彭华岗、钟宏武、孙孝文、张蒽:《中国企业社会责任报告编写指南(CASS–CSR3.0)》,经济管理出版社 2014 年版。

[28] 孙孝文、李晓峰、张蒽、朱念锐:《中国企业社会责任报告编写指南(CASS–CSR3.0) 之一般采矿业》,经济管理出版社 2014 年版。

[29] 张蒽、钟宏武、魏秀丽、陈力等:《中国企业社会责任案例》,经济管理出版社 2014 年版。

[30] 钟宏武、张蒽、魏秀丽:《中国国际社会责任与中资企业角色》,社会科学出版社 2013 年版。

[31] 彭华岗、钟宏武、张蒽、孙孝文等:《企业社会责任基础教材》,经济管理出版社 2013 年版。

[32] 姜天波、钟宏武、张蒽、许英杰:《中国可持续消费研究报告》,经济管理出版社 2013 年版。

[33] 陈佳贵、黄群慧、彭华岗、钟宏武:《企业社会责任蓝皮书 (2012)》,社科文献出版社 2012 年版。

[34] 钟宏武、魏紫川、张蒽、孙孝文等:《中国企业社会责任报告白皮书 (2012)》,经济管理出版社 2012 年版。

[35] 陈佳贵、黄群慧、彭华岗、钟宏武:《企业社会责任蓝皮书 (2011)》,社科文献出版社 2011 年版。

[36] 彭华岗、钟宏武、张蒽、孙孝文:《中国企业社会责任报告编写指南(CASS–CSR2.0)》,经济管理出版社 2011 年版。

[37] 钟宏武、张蒽、翟利峰:《中国企业社会责任报告白皮书 (2011)》,经济管理出版社 2011 年版。

[38] 彭华岗、楚旭平、钟宏武、张蒽:《企业社会责任管理体系研究》,经济管理出版社 2011 年版。

[39] 彭华岗、钟宏武：《分享责任——中国社会科学院研究生院 MBA "企业社会责任"必修课讲义集 (2010)》，经济管理出版社 2011 年版。

[40] 陈佳贵、黄群慧、彭华岗、钟宏武：《企业社会责任蓝皮书 (2010)》，社科文献出版社 2010 年版。

[41] 钟宏武、张唐槟、田瑾、李玉华：《政府与企业社会责任》，经济管理出版社 2010 年版。

[42] 陈佳贵、黄群慧、彭华岗、钟宏武：《企业社会责任蓝皮书 (2009)》，社科文献出版社 2009 年版。

[43] 钟宏武、孙孝文、张蕙：《中国企业社会责任报告编写指南 (CASS-CSR1.0)》，经济管理出版社 2009 年版。

[44] 钟宏武、张蕙、张唐槟、孙孝文：《中国企业社会责任发展指数报告 (2009)》，经济管理出版社 2009 年版。

[45] 钟宏武：《慈善捐赠与企业绩效》，经济管理出版社 2007 年版。

（二）华润医药集团有限公司

华润医药集团有限公司是集药品研发、制造和分销为一体的企业集团，是华润（集团）有限公司旗下七大核心战略业务单元之一。2014 年，华润医药集团总资产达到 1208.5 亿港元、主营业务收入 1343 亿港元、净利润 54.96 亿港元。

华润医药旗下拥有华润医药商业集团有限公司、华润三九医药股份有限公司、华润双鹤药业股份有限公司、山东东阿阿胶股份有限公司、华润赛科药业有限责任公司、华润紫竹药业有限公司等企业。其中，华润三九（000999）、华润双鹤（600062）和东阿阿胶（000423）为国内 A 股上市公司。

华润医药提供的产品和服务遍及全国 31 个省（市、自治区），在药品制造和医药营销方面均具有雄厚的产业基础和领先的竞争优势，并致力于打造价值链一体化发展平台。

药品制造方面：华润医药的业务涵盖天然药物与中药、化学药、生物药及营养保健品等诸多领域，在大输液、心脑血管用药、内分泌用药、生殖健康用药、胃肠药、皮肤药、感冒药等细分市场具有领先优势。"999"、"双鹤"、"赛科"、"东阿阿胶"、"紫竹"、"毓婷"等品牌为"中国驰名商标"，"999"品牌还两次入选中国最具价值品牌 TOP50 强，"东阿阿胶"等品牌被评为"中国 500 最具价值品牌"。

市场营销方面：华润医药的业务涵盖药品、医疗器械和保健产品的营销、物流配送、学术推广、零售以及供应链增值服务。在医院直销、医院药品物流智能一体化服务（HLI）、现代物流配送等方面居于国内领先地位，拥有覆盖全国 31 个省（市、自治区）的营销网络，与国内外近 8000 家生产企业保持着长期稳定的合作关系，并拥有 1000 多家直营零售连锁药店和销售网点。2014 年，华润医药流通业务的规模位列中国医药商业第二位。

创新研发方面：华润医药拥有丰富优质的研发资源和强大的研发能力。建有国家级中成药和胶类中药两个工程技术研究中心及多个省级技术中心，是国家计划生育用药和生殖健康用药科研基地；有 27 个研发项目列入"十一五"和"十二五"国家"重大新药创制科技重大专项"；持有 1000 多项专利，其中发明专利 236 项，国外授权专利 18 项；在药物制剂新型释药技术方面处于国内领先水平，药用核苷中间体研发核心技术处于国际领先水平，产品已占据美国核苷药物开发市场主导地位。

未来，华润医药将坚持以改革和发展为主线，打造规模化的医药产品及服务和网络化的渠道覆盖和终端营销；建立符合国际标准的药品质量管理体系，成为行业质量标杆；创新商业模式，整合产业链资源，完善全产业链发展模式，不断提升核心竞争能力和市场竞争地位，实现企业更快更好的发展。

华润医药始终秉承华润集团"诚实守信、业绩导向、客户至上、感恩回报"的企业价值观和"务实、激情、专业、创新"的企业精神，以提高人类生活质量为崇高使命，致力于做中国医药行业的引领者，为人类的健康事业作出贡献。

二、授权推广应用机构

中星责任云（北京）管理顾问有限公司

中星责任云（CSRCloud）是一家中国企业社会责任及公益领域的权威研究咨询机构，公司以"专业创新和大数据促进社会的可持续发展"为使命，秉持"客户第一、专业敬业、团队合作、创新开放"的价值观，与中国社科院、清华大学、北京大学、中国人民大学等科研院所，中国企业联合会、中国电力企业联合会等行业协会，新华网、人民网等主流媒体建立了长期合作关系，服务对象涵盖国家部委、国内外大型企业和非营利组织。

我们的团队：

公司拥有最早一批从事中国企业社会责任研究咨询团队，从业经验丰富，为不同类型企业长期提供社会责任相关咨询服务；同时，公司整合多家国内一流社会责任研究机构，建立了多层次的外部社会责任专家库；目前，公司下设研究部、咨询部、评价部、宣传部以及独立的文化传播公司。

我们的服务：

——学术研究：

● 承接国家部委学术课题；

● 开展社会责任标准研究；

● 追踪社会责任前沿课题；

——报告咨询：

● 社会责任战略与管理体系建设；

● 企业公益战略及管理体系建设；

- 社会责任报告、公益报告咨询；
- 社会责任品牌、公益品牌咨询；
- 社会责任能力、公益项目评估；

——活动策划：

- 企业社会责任定制培训；
- 组织利益相关方交流会；
- 企业社会责任论坛策划；
- 企业社会责任专题展览；

——宣传设计：

- 社会责任报告设计、印刷；
- 公益慈善报告设计、印刷；
- 社会责任微信版（H5）设计；
- 社会责任会议论坛布展、背景板等。

我们的客户：

中国石化、中国民生银行、中国三星等 50 余家国内外大型企业

我们的品牌：

分享责任系列；责任云微信号（CSRCloud）；

联系我们：

公司地址：北京市东城区建国门内大街 18 号恒基中心办公楼二座 518 室

王娅郦，wangyl@cass-csr.org，13366005048

一站式社会责任综合服务平台

三、参考文献

（一）国际社会责任标准与指南

[1] 国际标准化组织（ISO）：《社会责任指南：ISO26000》，2010 年。

[2] 全球报告倡议组织（Global Reporting Initiative，GRI）：《可持续发展报告指南（G4)》，2013 年。

[3] 联合国全球契约组织：《全球契约十项原则》。

[4] 国际审计与鉴证准则委员会：ISAE3000。

[5] Accountability：AA1000 原则标准（AA1000APS）、AA1000 审验标准（AA1000AS）和 AA1000 利益相关方参与标准（AA1000SES）。

[6] 国际综合报告委员会（IIRC）：《整合报告框架（2013)》。

[7] 国家食品药品监督管理总局：《中华人民共和国医药行业标准》。

（二）国家法律法规及政策文件

[8]《中华人民共和国宪法》及各修正案。

[9]《中华人民共和国公司法》。

[10]《中华人民共和国劳动法》。

[11]《中华人民共和国劳动合同法》。

[12]《中华人民共和国就业促进法》。

[13]《中华人民共和国社会保险法》。

[14]《中华人民共和国工会法》。

[15]《中华人民共和国妇女权益保障法》。

[16]《中华人民共和国未成年人保护法》。

[17]《中华人民共和国残疾人保障法》。

[18]《中华人民共和国安全生产法》。

[19]《中华人民共和国职业病防治法》。

[20]《中华人民共和国劳动争议调解仲裁法》。

[21]《中华人民共和国环境保护法》。

[22]《中华人民共和国水污染防治法》。

[23]《中华人民共和国大气污染防治法》。

[24]《中华人民共和国固体废物污染环境防治法》。

[25]《中华人民共和国环境噪声污染防治法》。

[26]《中华人民共和国水土保持法》。

[27]《中华人民共和国环境影响评价法》。

[28]《中华人民共和国清洁生产促进法》。

[29]《中华人民共和国节约能源法》。

[30]《中华人民共和国可再生能源法》。

[31]《中华人民共和国循环经济促进法》。

[32]《中华人民共和国产品质量法》。

[33]《中华人民共和国消费者权益保护法》。

[34]《中华人民共和国反不正当竞争法》。

[35]《中华人民共和国科学技术进步法》。

[36]《中华人民共和国反垄断法》。

[37]《中华人民共和国专利法》。

[38]《中华人民共和国商标法》。

[39]《集体合同规定》。

[40]《禁止使用童工规定》。

[41]《未成年工特殊保护规定》。

[42]《女职工劳动保护特别规定》。

[43]《残疾人就业条例》。

[44]《关于企业实行不定时工作制和综合计算工时工作制的审批方法》。

[45]《全国年节及纪念日放假办法》。

[46]《国务院关于职工工作时间的规定》。

[47]《最低工资规定》。

[48]《生产安全事故报告和调查处理条例》。

[49]《工伤保险条例》。

[50]《再生资源回收管理办法》。

[51]《消耗臭氧层物质管理条例》。

[52]《关于禁止商业贿赂行为的暂行规定》。

[53]《中央企业履行社会责任的指导意见》。

[54]《中央企业"十二五"和谐发展战略实施纲要》。

[55]《上海证券交易所上市公司环境信息披露指引》。

[56]《深圳证券交易所上市公司社会责任指引》。

[57]《中共中央关于全面深化改革若干重大问题的决定》。

（三）　社会责任研究文件

[58] 中国社会科学院经济学部企业社会责任研究中心：《中国企业社会责任报告编写指南（CASS–CSR3.0)》，2014 年。

[59] 中国社会科学院经济学部企业社会责任研究中心：《中国企业社会责任报告评级标准（2013)》，2013 年。

[60] 中国社会科学院经济学部企业社会责任研究中心：《中国企业社会责任研究报告（2009/2010/2011/2012/2013/2014/2015)》，社会科学文献出版社。

[61] 中国社会科学院经济学部企业社会责任研究中心：《中国企业社会责任报告白皮书（2011/2012/2013/2014/2015)》，经济管理出版社。

[62] 中国社会科学院经济学部企业社会责任研究中心：《企业社会责任基础教材》，经济管理出版社，2013 年版。

[63] 彭华岗等：《企业社会责任管理体系研究》，经济管理出版社，2011 年版。

[64] 国家电网公司《企业社会责任指标体系研究》课题组：《企业社会责任指标体系研究》，2009 年 3 月。

[65] 殷格非、李伟阳：《如何编制企业社会责任报告》，2008 年。

[66] 李伟阳、肖红军、邓若娟：《企业社会责任管理模型》，2012 年。

[67] 全哲洙：《中国民营企业社会责任研究报告》，2014 年。

（四）　企业社会责任报告

[68]《罗氏制药年度报告 1999–2014》。

[69]《阿斯利康年度报告 1999–2014》。

[70]《诺和诺德 2004 年报告》。

[71]《诺华公司企业责任表现报告 2008–2014》。

[72]《赛诺菲企业社会责任报告 2012–2014》。

[73]《葛兰素史克企业社会责任报告 2002–2014》。

[74]《上海复星医药（集团）股份有限公司年度企业社会责任报告 2008–2014》。

[75]《上海医药集团股份有限公司企业社会责任报告 2009–2014》。

[76]《中国医药集团总公司企业社会责任报告 2010–2014》。

[77]《广州医药集团有限公司社会责任报告 2010–2013》。

[78]《天狮集团有限公司企业社会责任报告 2011–2014》。

[79]《华润医药集团有限公司社会责任报告 2013–2014》。

[80]《辉瑞（中国）制药有限公司情系中国 2014 瑞辉中国企业社会责任实践》。

后　记

　　2009 年 12 月，中国第一份企业社会责任报告编写指南——《中国企业社会责任报告编写指南（CASS 原 CSR1.0）》（简称《指南 1.0》）发布。为了增强《指南 1.0》的国际性、行业性和工具性，2010 年 9 月，《指南 1.0》修订工作正式启动，扩充行业、优化指标、更新案例。2011 年 3 月，《中国企业社会责任报告编写指南（CASS 原 CSR2.0）》（简称《指南 2.0》）发布。《指南 2.0》获得了企业广泛的应用，参考《指南 2.0》编写社会责任报告的企业数量由 2011 年的 60 家上升到 2015 年的 263 家。

　　为了进一步提升《指南 2.0》的国际性、实用性，引导我国企业社会责任从"报告内容"向"报告管理"转变，2012 年 3 月 31 日，《指南 3.0》编制启动会在北京召开，来自政府、企业、NGO、科研单位等机构的约 100 名代表出席了本次启动大会。为广泛征求《指南 2.0》使用者意见，中心向 100 家企业发放了调研问卷，并实地走访、调研 30 余家中外企业，启动了分行业指南编制工作。

　　作为第一本医药行业企业社会责任报告编写指南——《中国企业社会责任报告编写指南 3.0 之医药行业》的编制时间为 2014 年 4 月-2015 年 12 月。期间，编写组多次赴华润双鹤基地进行实地调研。本书是集体智慧的结晶，全书由王宁、王娅郦、叶柳红、王丹共同撰写。

　　国务院国资委研究局处长陈锋，国家食品药品监督管理局处长严文君，中国企业联合会管理创新部主任程多生，华润（集团）有限公司董事会办公室高级经理徐莲子，华润（集团）有限公司董事会办公室助理总监朱虹波，华润医药集团有限公司总经理办公室高级总监邬建军，华润医药集团有限公司党委办公室主任易功来，华润医药集团有限公司环境健康与安全部高级总监于宏，华润医药集团战略发展部总监王金东，华润医药集团有限公司总经理办公室总监王丹，华润双鹤药业股份有限公司董事会秘书、副总裁范彦喜，华润双鹤药业股份有限公司董事会办公室主任郑丽红，东阿阿胶股份有限公司战略管理兼人力资源总监、党委办公室主任王延涛，华润三九医药股份有限公司公共事务中心总经理郭欣，华润置地人事行政部副总监程向雷等同志对本书提出了针对性的意见和建议；华润医药集团有限公司总经理办公室总监王丹，华润双鹤药业股份有限公司董事会秘书、副总裁范彦喜，华润双鹤药业股份有限公司董事会办公室主任郑丽红，华润双鹤药业股份有限公司董事会办公室张静，华润医药集团有限公司总经理办公室周莹莹等同志为编写组实地调研提供了大力支持，为编写组深入了解医药行业提供了诸多帮助。华润医药集团有限公司总经理办公室总监王丹、华润医药集团有限公司总经理办公室周莹莹等同志为第八章案例写作提供了材料支持；在资料整理过程中，王宁、王娅郦、叶柳红等同志作出了诸多贡献；全书由钟宏武审阅、修改和定稿。

　　《中国企业社会责任报告编写指南》系列将不断修订、完善，希望各行各业的专家学者、读者朋友不吝赐教，共同推动我国企业社会责任更好更快的发展。

编委会

2015 年 11 月